まえがき

日本に卑弥呼《ひみこ》がいたころ、中国では魏《ぎ》・呉《ご》・蜀《しょく》が争う三国時代が展開されていました。三国時代は、陳寿《ちんじゅ》が著した『三国志』という歴史書により史実が伝えられるほか、羅貫中《らかんちゅう》がまとめたという『三国志演義』、吉川英治の『三国志』など、小説にも描かれ、日本ではよく知られた時代です。

『三国志』の楽しみ方は、たくさんあると思います。歴史の真実を求め考証するもよし、『三国志演義』の創作に胸躍らせるもよし、諸葛亮《しょかつりょう》死後の三国志の展開、あるいは中国の歴史の中での三国時代の位置に思いを馳せることもよいでしょうか。

本書では、そうした『三国志』の楽しみの中で、一番ワクワクするランキングを用意していただきました。ところが、その結果は、いま一つ納得のできるものではありません。そこで、好き勝手なことを話させていただいたら、それが活字になってしまいました。みなさまの反論を楽しみにしています。

ふだんは、なかなか伝わらない本音を楽しくまとめてくれたオフィス五稜郭の湯原浩司さん、校正をしてくれたわたしより三国志に詳しい袴田郁一君、呉が大好きな長谷川隆一君にお礼を申し上げます。

早稲田大学教授　渡邉義浩

Contents

キーワードでわかる

三国志の世界とその時代

黄巾の乱から五丈原の戦いまで、『三国志演義』で語られる怒濤の展開を、登場する主要人物とともに紹介する。

黄巾の乱に臨み劉備が義勇軍を結成

後漢末期の184年、中国大陸に動乱の嵐が吹き荒れた。

朝廷内は政治的腐敗が蔓延《まんえん》し、民衆に過度な税を課して疲弊させる一方で、役人たちは賄賂《わいろ》による蓄財や酒肉に耽《ふけ》っていた。こうした状況を憂いて、道教的思想で数十万の信徒を得ていた冀《き》州《しゅう》の張角《ちょうかく》が、同年2月に挙兵したのである。かれらは目印として黄色い頭巾を頭に巻いたため、黄巾賊《こうきんぞく》と呼ばれるようになった。

張角は自身を天公将軍と称し、さらに弟の張宝《ちょうほう》、張梁《ちょうりょう》をそれぞれ地公、人公将軍として黄巾賊を軍事組織化していた。しかし軍事的規律は緩く、彼らもまた民衆からの略奪行為などに手を染めたため、黄巾賊の勢力拡大に伴い世相はより一層の混迷を極めることとなった。

漢王朝側も、これを座して静観していたわけではない。北中郎将《ちゅうろうしょう》の盧植《ろしょく》が率いる軍勢が冀州に、左中郎将の皇甫《こうほ》嵩《すう》と右中郎将の朱儁《しゅしゅん》が同じく大規模な黄巾賊が跋扈《ばっこ》する豫州《よしゅう》に送られ、冀州、豫州とも官軍と黄巾賊とのあいだでおよそ半年にわたって激しい戦いが繰り広げられた。このとき、朱儁の部下として孫堅《そんけん》が活躍している。

この動乱のなか、ひとりの若者が登場する。それが幽州涿県《ゆうしゅうたくけん》の劉備《りゅうび》だ。

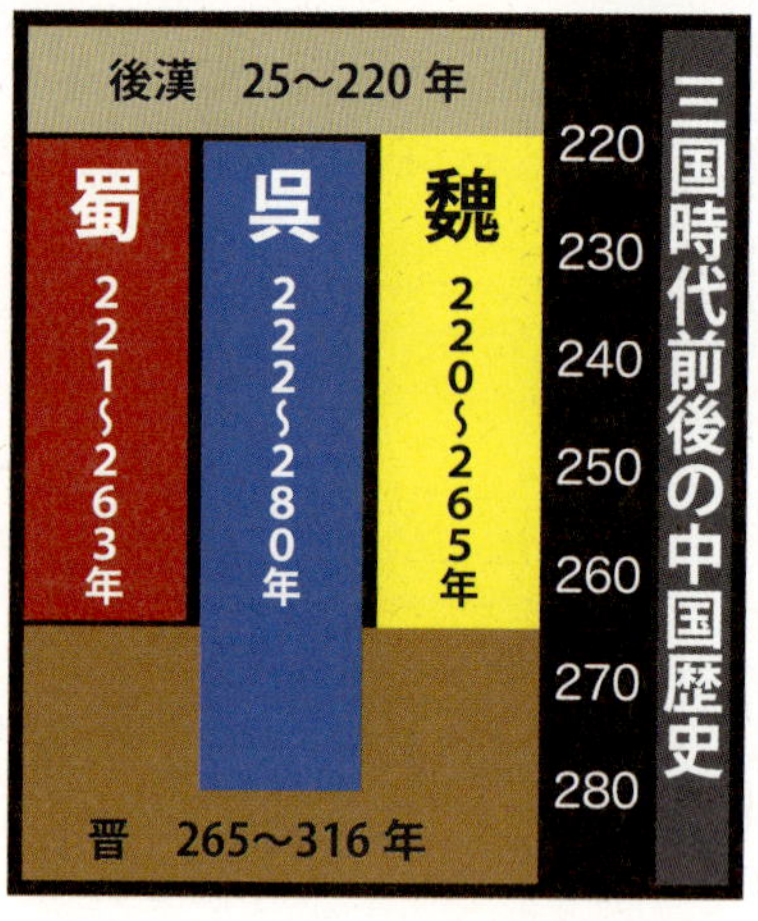

三国志年表

25年 光武帝が即位し漢帝国（後漢）を復興。

155年 曹操が沛国譙県《はいこくしょうけん》にて誕生。

161年 劉備が涿郡涿県楼桑村《たくぐんたくけんろうそうそん》で誕生。

168年 霊帝が即位する。

181年 諸葛亮が琅邪国陽都県《ろうやこくようとけん》で誕生。

182年 孫権が呉郡富春県《ごぐんふしゅんけん》で誕生。

184年 黄巾の乱が勃発。劉備、関羽、張飛が義兄弟の契り〝桃園の誓い〟を行ない、黄巾の乱を収めるための戦いに出る。

劉備、関羽、張飛の３人は、涿県の劉備の自宅近くの桃園で酒宴を開き、ここで義兄弟の誓いを交した。この酒宴には近隣の住民も多数臨席し、相伴にあずかったという。

三国時代の13州

※周辺部の地名は現在の表記を使用しています。

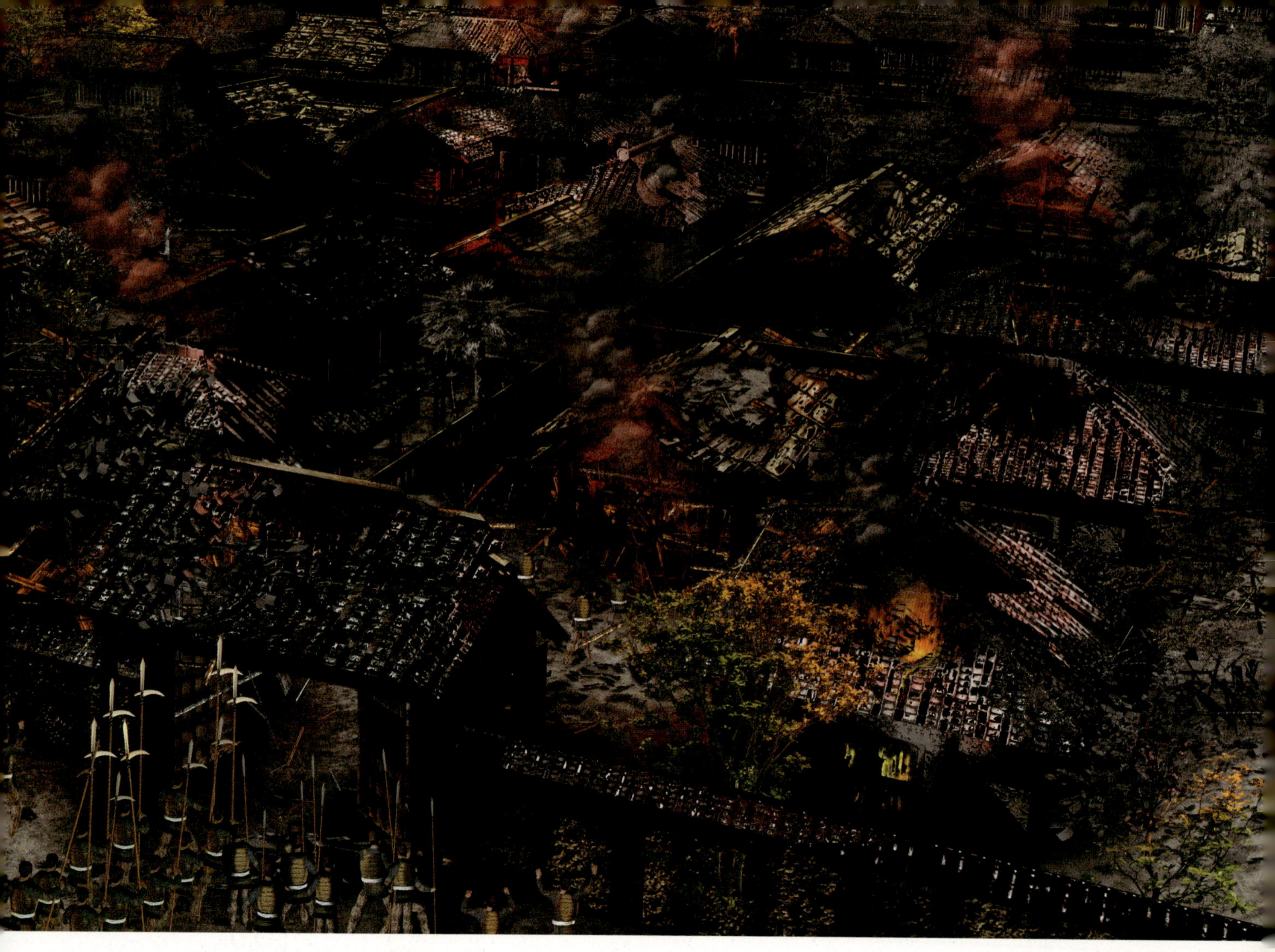

劉備《りゅうび》は前漢の景帝《けいてい》の血筋に生まれていたが、父劉弘《りゅうこう》が早世したため貧困に苦しみ、筵《むしろ》売りの暮らしで母とともに糊口《ここう》をしのいでいた。世の乱れに心を痛めるものの、無力な若者になにができるというわけでもない。しかし、豪傑として知られる関羽《かんう》、張飛《ちょうひ》とめぐり会ったことでついに黄巾賊討伐を決意し、ふたりと義兄弟の誓いを交して総勢約500の義勇軍を結成。漢王朝を支える一助となるべく、幽州《ゆうしゅう》太守劉焉《りゅうえん》のもとに馳せ参じるのだった。

しかし、志高く黄巾賊との戦いに加わった劉備軍は次々と戦果をあげるものの、腐敗に染まり驕り高ぶる官軍の態度は冷ややかで、非正規軍である劉備たちはまともな褒賞を得ることができない。その冷遇ぶりに張飛は激怒するが、そんな義弟を劉備は厳しく諌め、漢王朝への忠義を説くのだった。

董卓の専横を打倒すべく袁紹を担ぎ挙兵する曹操

乱そのものはほどなく鎮圧されたものの、失墜した後漢の権威は戻らなかった。189年、時の皇帝霊帝《れいてい》が崩御すると、後継者をめぐり、外威の大将軍何進《かしん》と宦官集団十常侍《じゅうじょうじ》の間で内紛が勃発。この争いは、双方の共倒れで強引に収束した。

ますます深まる朝廷の混乱に乗じて台頭したのが、西涼《せいりょう》の実力者董卓《とうたく》である。董卓は強大な軍事力を背景に、たちまち朝廷を牛耳った。これには荊州《けいしゅう》刺史《しし》の丁原《ていげん》が激しく反発するが、養子である呂布《りょふ》が董卓側に寝返ったことで

三国志年表

189年
漢の霊帝が崩御。少帝《しょうてい》が後を継ぐが、董卓が都・洛陽に入城して、献帝《けんてい》を新皇帝に擁立する。

190年
曹操、孫堅、劉備らが参加して反董卓連合を結成。董卓は洛陽に放火し長安に都を移す。

192年
呂布が董卓を裏切り殺害。

193年
陶謙の部下に父を殺された曹操が徐州に攻め込み虐殺を行なう。

194年
徐州へ援軍に駆けつけた劉備が陶謙の死後に領地を譲られる。

196年
曹操が献帝を奉載し、都を許昌《きょしょう》に移す。

198年
曹操が呂布軍に勝利、呂布と軍師・陳宮を処刑する。

199～200年
官渡で曹操が袁紹に勝利する。

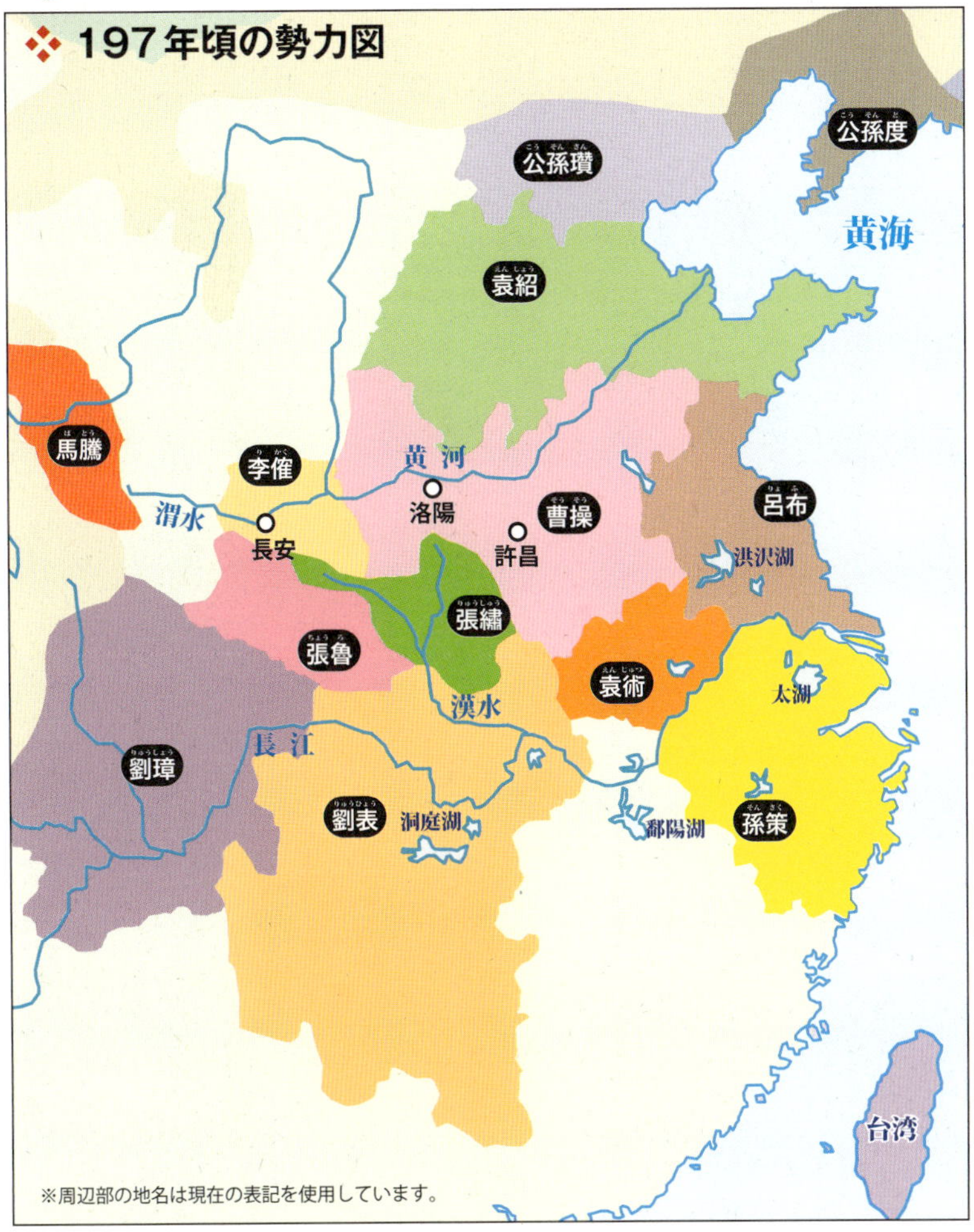

反董卓連合軍の来襲を恐れた董卓は、献帝と首都・洛陽に住む数100万の住民を引き連れ、長安に移住。無人となった洛陽に火を放ち、焼き払ってしまう。

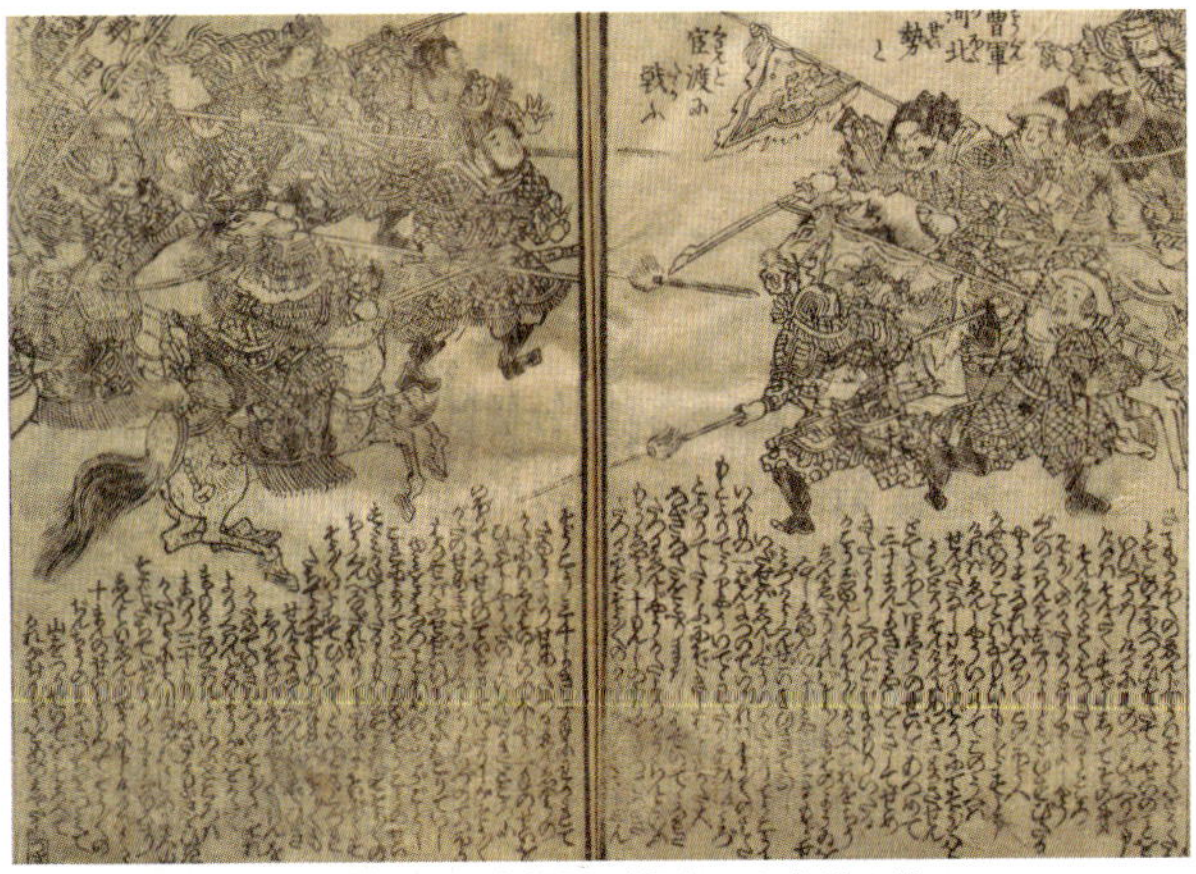
『三国志画伝』より、曹操軍と袁紹軍が衝突した官渡の戦い。

これも討たれ、いよいよ董卓は朝廷の支配者のごとく振る舞いはじめた。皇帝の廃立すら意のままにする董卓に、豫州《よしゅう》の袁紹《えんしょう》ら士大夫《したいふ》は反発し、洛陽《らくよう》を脱出して地方で群雄となった。

そんな諸侯を取りまとめたのが、曹《そう》操《そう》である。190年、袁紹を総大将に担いで数十万の連合軍で虎牢関《ころうかん》の戦いを挑み、董卓軍を敗走させた。しかし191年、連合軍に加わっていた孫堅《そんけん》が古井戸から玉璽《ぎょくじ》を見つけたことが発端となって内紛が発生。孫堅は勝手に本拠地に戻り、のちに戦死した。また、実質的発起人である曹操が離脱したことで、連合軍諸侯は解散となる。その一方、董卓は防衛に適さない洛陽を焼き払い、長安《ちょうあん》への遷都を決定した。

しかし長安で暴政をさらに加速させた董卓に、人心はついてこなかった。遷都翌年の192年、「美女連環の計」により呂布に裏切られ、ついに董卓はその命を落とす。覇権を夢見た男にとっては、あっけない幕切れであった。その後、流浪の将となった呂布は、徐《じょ》州《しゅう》の牧《ぼく》となっていた劉備のもとに身を寄せている。

曹操が黄巾賊の残党を討伐しつつ次第に勢力を拡大させる傍らで、父孫堅を失った孫策《そんさく》もまた、飛躍のための地固めに動いていた。主家筋にあたる袁《えん》術《じゅつ》から与えられたわずか1000の兵力を足がかりに、195年からの足掛け5年間にわたる戦いで兵力を拡大させながら、揚州《ようしゅう》の長江以東の一帯を制圧することに成功した。これがのちの呉建国の基盤となっている。

そのころ、劉備の治める徐州は呂布に一時的に奪われていたが、呂布は攻め寄せる曹操軍の前に部下の裏切りにあって捕縛され、斬首されている。

三顧の礼で迎えた諸葛亮が唱えた天下三分の計

孫策が勢力拡大に邁進していた当時、劉備と曹操は蜜月関係にあった。

しかし次第に漢《かん》に牙を剝きはじめた曹《そう》操《そう》を危険視した劉備《りゅうび》は、董承《とうしょう》による曹操討伐計画の血判書に名を連ねた。

その後、暗殺計画が明るみに出て劉備と曹操の関係は手切れとなり、劉備は官渡《かんと》の戦いで曹操と武力衝突した袁《えん》紹《しょう》軍に加わる。しかし袁紹軍が敗れたため、曹操は華北を掌握する。その一方、窮地に陥った劉備は荊州《けいしゅう》の劉表《りゅうひょう》のもとに身を寄せたが、曹操軍が押し寄せれば、劉表の食客で満足な兵力を持たない劉備はひとたまりもない。そして、まさに曹操軍が迫ったことで、その懸念は現実のものとなるかと思われた。

ところが、劉備に仕えていた軍師徐《じょ》庶《しょ》がみごとな軍略を披露し、曹操軍を撃退した。これにより劉備は、軍略の重要性を痛感する。対する曹操は計略を用いて徐庶を劉備から引き離した。このとき徐庶は、自分の代わりに諸葛《しょかつ》亮《りょう》を軍師として召し抱えるよう、劉備に進言するのだった。

劉備は三顧の礼を以て諸葛亮を迎え入れた。そこで諸葛亮は、孫策《そんさく》死後に後嗣となった弟の孫権《そんけん》と組んで曹操に抗し、その後に西部の蜀《しょく》を奪って鼎立《ていりつ》状態を作り、最終的に天下統一をめざす「天下三分の計」を提唱する。

そのためには、まずは後継問題で暗雲漂う荊州を劉備の手中に収めて、基盤を整える必要がある。しかし劉備は劉表への恩義を仇で返す形になることを拒み、決断を下せずにいた。さらに208年、劉表の没後に荊州を継いだ劉琮《りゅうそう》が曹操に降伏したため、居場所を失なった劉備は荊州の住民らを率いて長坂《ちょうはん》に逃亡。曹操軍が追い討ちをかけて長坂の戦いが起こり、ここで劉備軍の張飛《ちょうひ》、趙雲《ちょううん》が白眉といえる活躍をしている。

その後、荊州への弔問を名目に孫権から派遣されてきた参謀の魯粛《ろしゅく》に随伴する形で、諸葛亮が呉に赴く。ここで孫権を説き伏せ、呉軍に決戦を決意させたことにより、いよいよ歴史は大きなうねりを見せはじめた。

赤壁の戦いの圧勝を起点に新天地を求め成都へ

三国志においてもっとも知られる208年の赤壁の戦いは、孫権・劉備連合軍の圧勝に終わった。その後、劉備は荊州4郡を攻略し、劉表の長子である劉琦《りゅうき》を刺史《しし》に立てて南部に実効支配地域を拡大させた。

孫権は、自分たちが赤壁で曹操を破

「苦肉の計」を行ない、曹操軍を信用させた黄蓋は、降伏するとみせかけて、曹操の軍船に火を放った。おりからの強風に煽られ、たちどころに炎が燃え広がっていく。

三国志年表

207年
劉備、諸葛亮を軍師に迎える。

208年
劉備、博望坡《はくぼうは》の戦いで夏侯惇を破る。
荊州の劉琮が曹操に降伏したため劉備は孫権と手を結ぶ。
曹操と孫権・劉備同盟軍が赤壁の戦いを起こし、孫権軍の周瑜が曹操軍を破る。

211年
曹操軍が馬超と戦い、軍師・賈詡の計略で馬超軍に勝利する。

214年
劉璋が劉備に降伏したため、劉備が蜀を治めることとなる。

215年
曹操が、漢中の張魯と戦い、漢中を手に入れる。
孫権が張遼と合肥《がっぴ》で戦う。

216年
曹操が魏王に即位。

219年
劉備が曹操と戦い、漢中を奪取し漢中王となる。
劉備軍の関羽が呂蒙の計略にかかり、処刑される。
孫権が荊州南部を手に入れる。

三国志の世界その時代

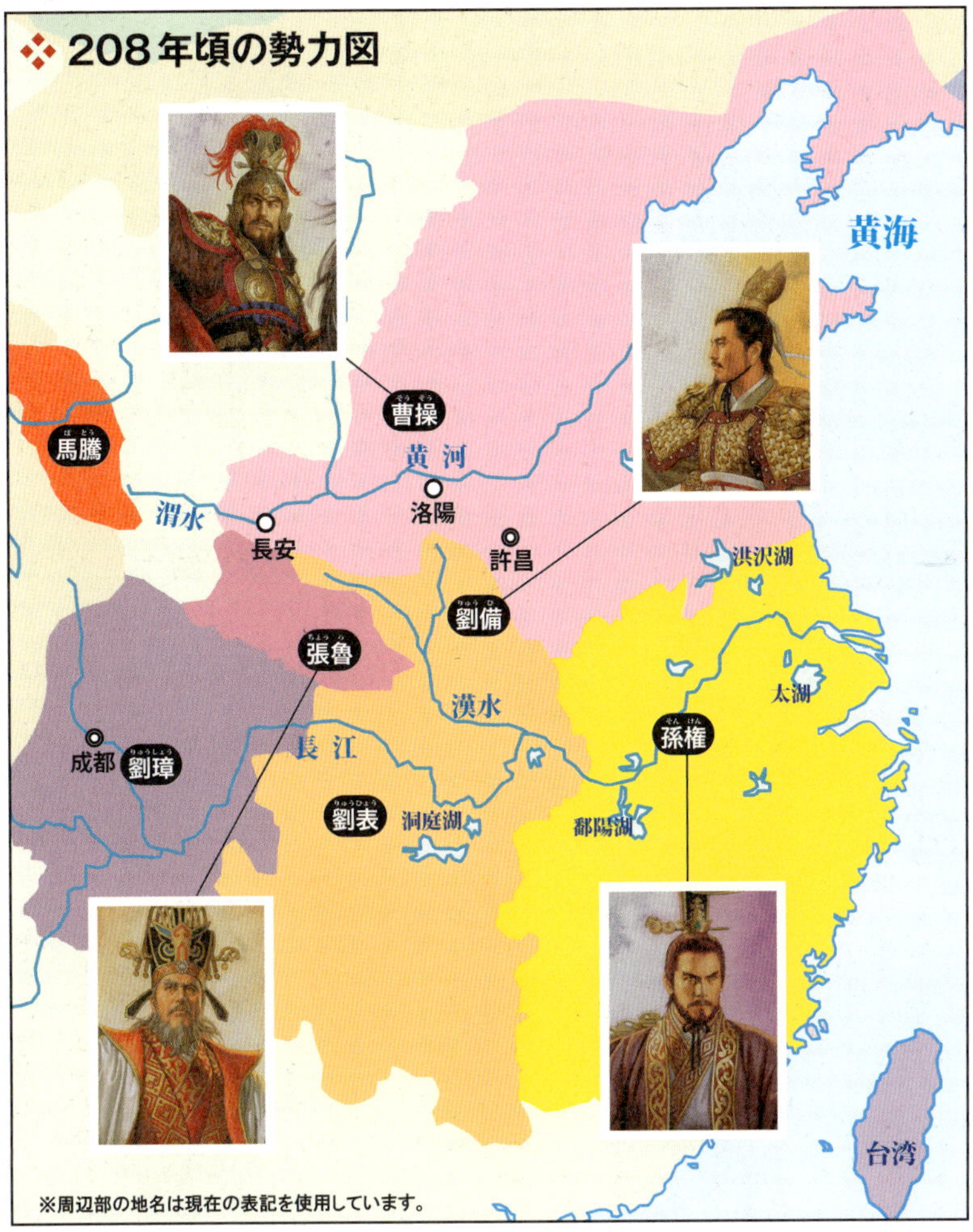

浮世絵師月岡芳年の描く曹操。赤壁の戦いを前に長江越しに南屏山を望む姿が表現されている。当時の曹操はすでに前線に出る立場ではなかったが、槍を片手にした武者姿となっている。

ったにも関わらず、劉備が勝手に荊州を占領したことが不満であった。魯粛《ろしゅく》を派遣して繰り返し抗議するが、諸葛亮は言を左右にして魯粛を翻弄するばかり。その間に、赤壁勝利の立役者である周瑜《しゅうゆ》が憤死する。この領土問題は長く尾を引き、のちに関羽《かんう》が横死する遠因となる。

２１１年、曹操が潼関《どうかん》の戦いで馬超《ばちょう》に快勝したのと同じ頃、劉備も転機を迎えていた。漢中の張魯《ちょうろ》に脅かされていた益州《えきしゅう》の劉璋《りゅうしょう》が、隣国の劉備に助けを求めたのだ。しかも、使者として現われた張松《ちょうしょう》は劉備の高い徳に触れて、暗愚な劉璋に代わって益州の支配者となるべしと請い、益州全土が仔細に記された地図を託すのだった。

しかし益州は劉備にとって悲願の地であるにも関わらず、劉備はすぐには承諾しなかった。同族の劉璋から国を奪うことを不義だと考えたのである。それでも、龐統《ほうとう》らの強い勧めで、ようやく劉備自らが軍を率いて成都入りした。このとき、荊州には関羽《かんう》を置いて守りを固めている。

劉備は侵攻にも慎重を期した。客将として任された葭萌関《かぼうかん》へ駐屯し、民衆の支持を得ることに努めた。ひたすら、武威による侵攻という印象を与えることを避けたのだ。

ここで魏《ぎ》呉両国の対立がふたたび先鋭化したため、２１２年、劉備は孫権と接触し、孫権軍への援助を隠れ蓑として兵力の移動を開始。益州の首都成《せい》都《と》への侵攻がはじまった。

破竹の勢いで成都に進撃する劉備軍。しかし劉璋軍の抵抗は激しく、龐統《ほうとう》を戦いのなかで失う。入蜀から足掛け４年、２１４年になって劉備は益州平定を果たし、三国鼎立《ていりつ》がここに成った。

希代の英傑たちも天命には抗えず

後漢の献帝《けんてい》は表面上の尊厳は保たれていたが、実質的に曹操《そうそう》の傀儡であった。２１６年、曹操は魏王に即位し、皇帝まであと一歩の地位に迫る。これに抗するべく、劉備《りゅうび》も２１９年に漢中王と称している。

ところが同年は、劉備にとって痛ましい年ともなった。荊州を守っていた関羽が呂蒙《りょもう》率いる呉軍に敗れ、斬首されたのである。この関羽の窮地に援軍を送らなかったことが咎《とが》められ、劉備の養子劉封《りゅうほう》も後に打ち首となっている。

翌２２０年には、三国志の物語における主人公のひとり、曹操その人もこの世を去った。中国大陸の3分の2を平定して魏《ぎ》王の称号を得た男も、寿命には勝てなかったのだ。

そしてさらに、劉備《りゅうび》が蜀漢《しょくかん》の皇帝に即位した221年、関羽《かんう》の敵討ちのため出陣準備を進めていた張飛《ちょうひ》が、なんと部下の裏切りにあって暗殺される。

苦楽を共にしてきた義兄弟を立て続けに失なった劉備の悲嘆ぶりは、激しいものだった。呉《ご》を討って仇《あだ》晴らさんとの私情で挙兵し、蜀軍は荊州《けいしゅう》に軍を進めた。緒戦では連戦連勝を重ねたが、関羽や張飛と並んで劉備に仕えてきた老将黄忠《こうちゅう》が命を落としてしまうなど、順風満帆ではなかった。

❖現在の地図に記した234年頃の勢力図

劉備はその後も進軍しつづけた。張飛の子張苞《ちょうほう》、関羽の子関興《かんこう》も参陣しており、それぞれ父の死に関与した敵将をみごと討ち取っている。しかし222年、夷陵《いりょう》の戦いで陸遜《りくそん》を相手に大敗北を喫して、劉備は白帝城《はくていじょう》に潰走。失意のまま病を発症し、その場に駆けつけた諸葛亮《しょかつりょう》に蜀の事後を託して息を引き取る。こうして、黄巾《こうきん》の乱に端を発した英雄群像劇のなかでもひときわ輝きを放った希代の英傑たちが、揃って表舞台から姿を消すことになった。

この蜀の遠征に機を得た魏《ぎ》軍も呉軍を叩くべく進撃を開始していたが、それを悟った呉軍が引き返して邀撃《ようげき》の構えを見せたことで睨み合いとなり、さらに陣中に疫病が発生したことで魏軍は撤退していった。

諸葛亮の遺した策が司馬懿を翻弄した五丈原の戦い

諸葛亮は劉備の悲願であった漢朝再興を実現するため227年に「出師の表」を上奏し、魏を討つべく北伐を開始した。ところが軍を任せた馬謖《ばしょく》が作戦に従わず街亭《がいてい》の戦いで大敗を喫したため、第1次北伐は頓挫。軍規違反を咎められた馬謖は斬首されている。

その後も例年のように諸葛亮は北伐の軍を興すが、その度に魏の司馬懿《しばい》に

三国志年表

220年 曹操死亡。子の曹丕が継ぐ。曹丕が献帝から禅譲を受けて、魏の皇帝に即位。

221年 劉備が漢の帝位を継承し、皇帝に即位。曹丕が孫権を呉王に封建する。張飛が部下の裏切りに遭い殺害される。劉備、関羽の敵を討つため呉に進攻する。

222年 劉備が夷陵の戦いで、呉の陸遜に敗れる。

223年 劉備が崩御。子の劉禅が継ぐ。

224年 呉の徐盛が、曹丕が率いる魏軍を撃退する。

225年 諸葛亮が孟獲を破り、南蛮の地を平定。

228年 街亭の戦いで馬護が大敗。諸葛亮の第一次北伐失敗。

234年 諸葛亮が五丈原の戦いの陣中で病死する。

252年 孫権が病死。

263年 司馬昭が蜀を滅ぼす。

265年 司馬炎が魏から禅譲を受けて晋を建国。

280年 晋が天下を統一する。

三国志はどんな物語なのか？

祁山攻略戦（第4次北伐）において、魏の城を攻める諸葛亮軍。
戦いは完勝だったが、司馬懿を討ち取ることは出来なかった。

阻まれ続けた。北に険しい山脈を戴く蜀は、守りに堅い一方、打って出るには非常に不都合だったのである。関係を修復した呉との二方面作戦を模索するが、これも失敗している。

そして234年、連年の多忙で身体を壊した諸葛亮は、第五次北伐のさなかに五丈原《ごじょうげん》にて陣没した。ひたすら防御に徹し続けた司馬懿の粘り勝ちだった。諸葛亮を失った蜀軍は撤退せざるをえない。このときは、諸葛亮が生前に残した策で司馬懿を翻弄し、最低限の損耗で蜀に引き返している。

しかし、諸葛亮という頭脳を失った蜀では権力闘争が繰り広げられるようになり、度重なる北伐の失敗などもあって、次第に国力を減じていった。

252年、呉の孫権が病没。子の孫《そん》亮《りょう》が継ぐが、こちらも内政が安定せず、クーデターなどにより指導者の交代が相次いで次第に弱体化した。

263年、蜀の皇帝の座にあった劉禅はついに魏に降伏し、蜀は滅びた。しかし蜀に勝利した魏もまた、265年に曹奐《そうかん》（曹操の孫）が司馬炎《しばえん》に禅譲《ぜんじょう》したことで滅亡し、新たに晋《しん》が建国された。三国のうち唯一残された呉も、280年に晋に降伏して滅亡。こうして、最終的に晋によって中国大陸の再統一はなされた。

魏からの禅譲を受けて晋（西晋）の初代皇帝に即位した司馬炎。司馬懿の孫に当たり、中国大陸全土の統一を成し遂げた。しかし天下統一後は政治腐敗を招き、西晋の早期滅亡を招いた。

三国志ファン75人が選ぶ
英傑ランキング

西暦200年といえば、日本では日本武尊の息子である14代仲哀天皇が即位していた頃、隣国の中国では数えきれないほどの群雄が割拠し、魏、呉、蜀の三国が覇権を競い争っていた。本書では、三国志演義に登場する英雄を5部門に分けてランキング。あなたの好きな英雄の評価はいかに!

三国志の評価分け部門

武力
個人の戦闘力はもとより、指揮能力など戦場で必要とされるあらゆる力。

人情
部下や領民に対して、その人物がみせる優しさや思いやりの心。

智謀
頭がいいだけではなく、知恵を働かせ相手の裏をかく計略を巡らせる力を持つ。

教養
学問だけではなく、芸術・文化など幅広い知識によって培われた豊かな人間性。

統率
多くの領民や部下のこころをまとめあげ、率いることができる力。

三国志は、3世紀の西晋の陳寿《ちんじゅ》が記した歴史書『三国志』と、14世紀、明代の初めに羅貫中《らかんちゅう》によって書かれた歴史小説『三国志演義』に大別される。

中国には『二十四史《にじゅうしし》』と呼ばれる「国家によって正統と認められた歴史書」があり、それを「正史」ともいう。三国志もその中のひとつで、そのため陳寿が記した歴史書である三国志は一般には「正史」と呼ばれる。

三国志演義は、正統な歴史書である正史と比較し、史実が7割、創作が3割とされる小説なので、読みやすく話が面白い。正史が勝者の歴史書であるのに対して、三国志演義は敗者を主人公にしており、勝者である曹操を悪役として、読者が劉備や諸葛亮の「滅びの美学」に感情移入し易い読み物となっている。

正史に登場する人物は3000人以上で、三国志演義だけでも1000人を超える。そのため、すべての登場人物を平等に評価できる人物はそうはいない。

そこで、本書では、三国志演義をベースに、物語に登場する実在、架空を織り交ぜた登場人物を三国志ファン男女総勢75名に採点してもらった。

さらに、編集部内で誰もが知ってい

三国志の英雄たちを5部門4項目で評価する

第一章

部門別 最強の三国志

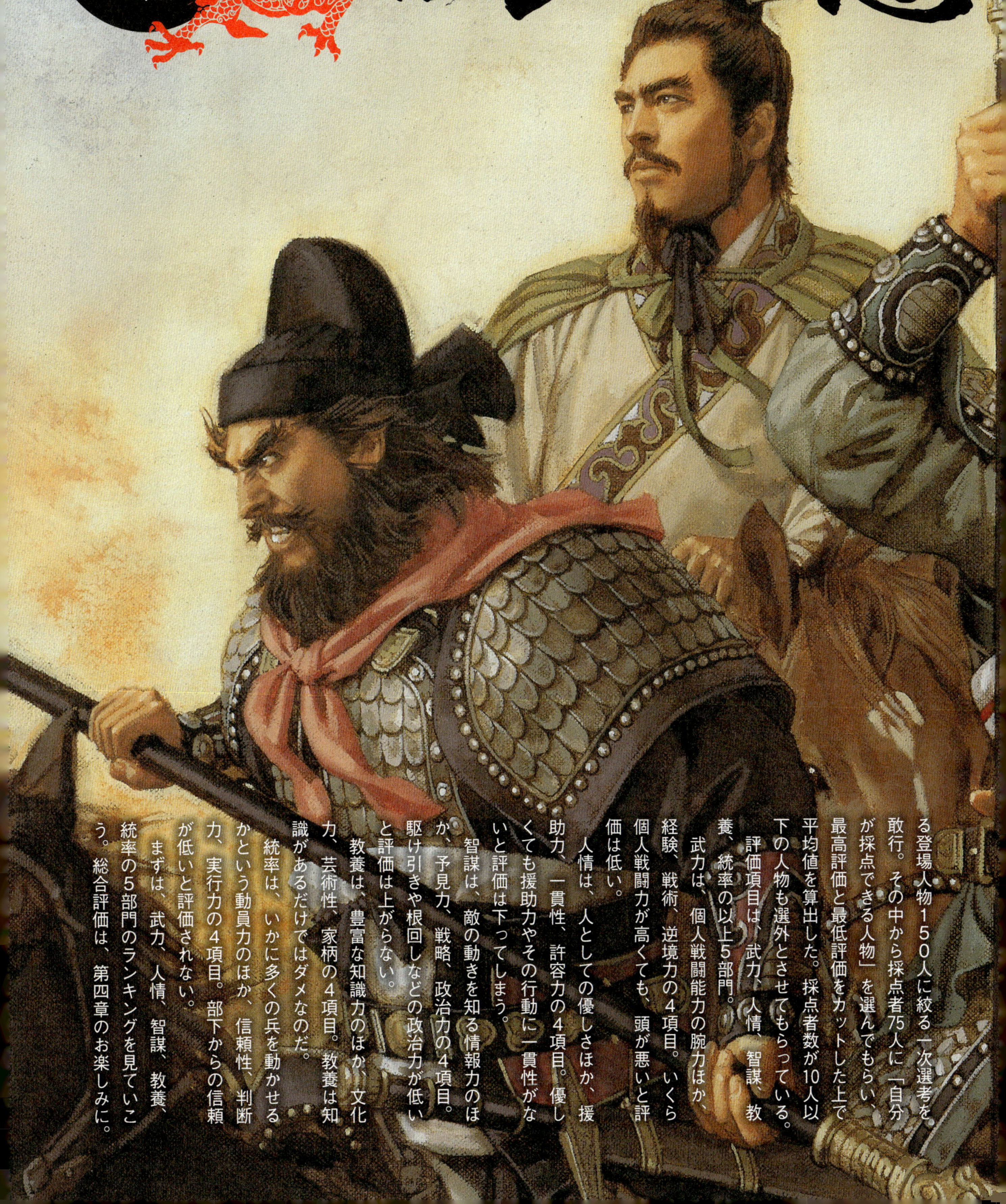

る登場人物150人に絞る一次選考を敢行。その中から採点者75人に「自分が採点できる人物」を選んでもらい、最高評価と最低評価をカットした上で平均値を算出した。採点者数が10人以下の人物も選外とさせてもらっている。

評価項目は、武力、人情、智謀、教養、統率の以上5部門。

武力は、個人戦闘能力の腕力ほか、経験、戦術、逆境力の4項目。いくら個人戦闘力が高くても、頭が悪いと評価は低い。

人情は、人としての優しさほか、援助力、一貫性、許容力の4項目。優しくても援助力やその行動に一貫性がないと評価は下ってしまう。

智謀は、敵の動きを知る情報力のほか、予見力、戦略、政治力の4項目。駆け引きや根回しなどの政治力が低いと評価は上がらない。

教養は、豊富な知識力のほか、文化力、芸術性、家柄の4項目。教養は知識があるだけではダメなのだ。

統率は、いかに多くの兵を動かせるかという動員力のほか、信頼性、判断力、実行力の4項目。部下からの信頼が低いと評価されない。

まずは、武力、人情、智謀、教養、統率の5部門のランキングを見ていこう。総合評価は、第四章のお楽しみに。

武力ランキング

第1位には不動の人気を誇る関羽が選出されている。さらに趙雲、馬超など蜀勢が存在感を示した。

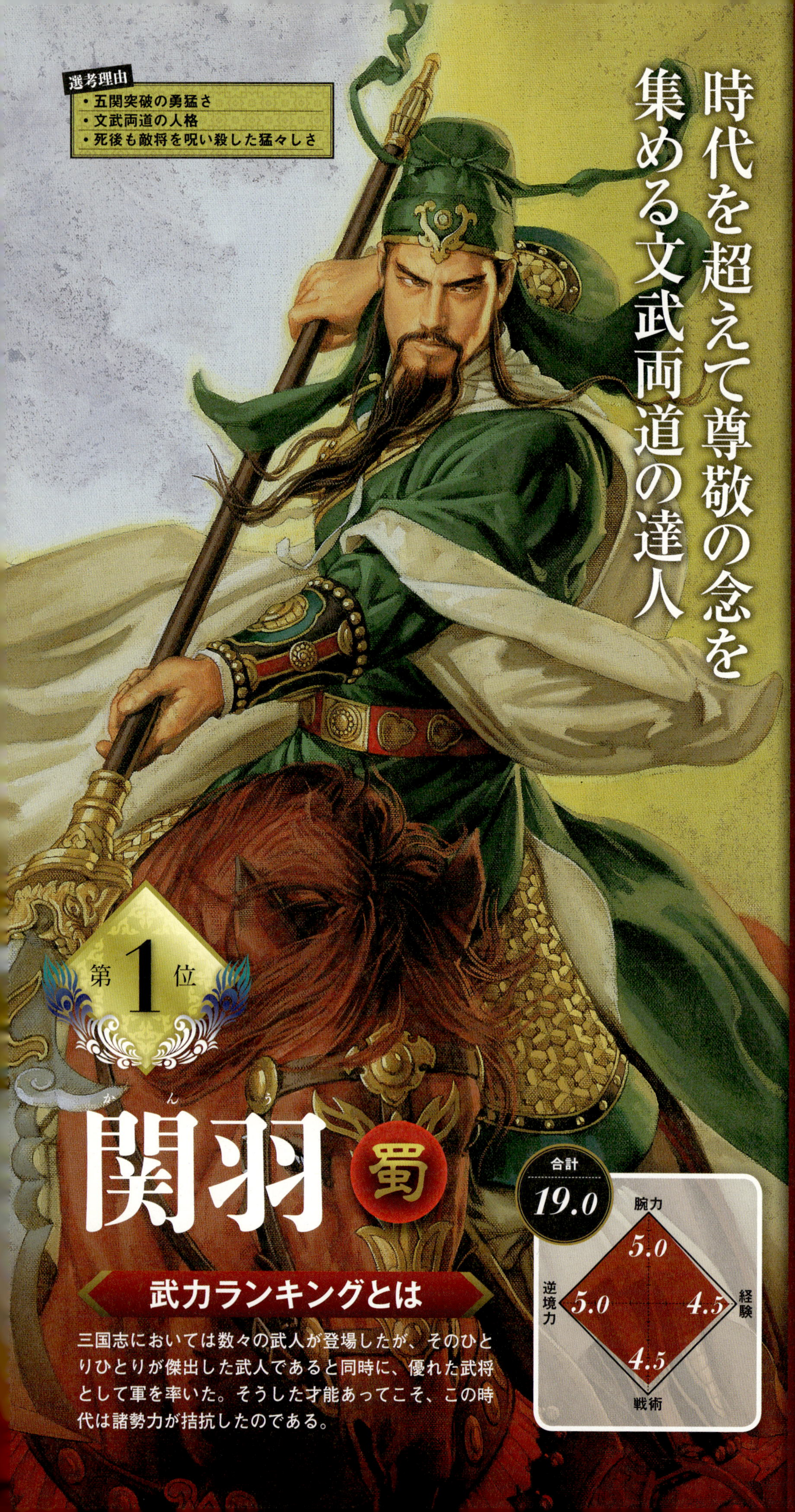

時代を超えて尊敬の念を集める文武両道の達人

選考理由

- 五関突破の勇猛さ
- 文武両道の人格
- 死後も敵将を呪い殺した猛々しさ

第1位

関羽《かんう》 蜀

合計 19.0

腕力 5.0
経験 4.5
戦術 4.5
逆境力 5.0

武力ランキングとは

三国志においては数々の武人が登場したが、そのひとりひとりが傑出した武人であると同時に、優れた武将として軍を率いた。そうした才能あってこそ、この時代は諸勢力が拮抗したのである。

横浜の中華街にも関羽を祀る関帝廟があり、三国志ファンが訪れるスポットとなっている。

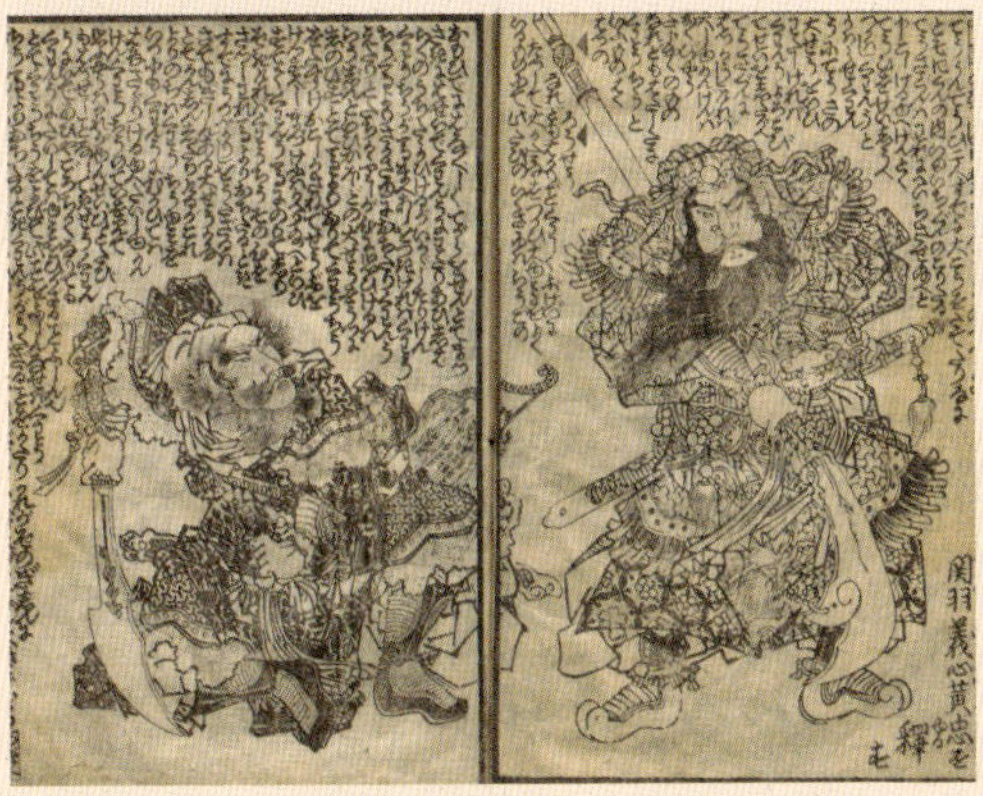

劉備軍で活躍した老将・黄忠も、もとは荊州の将軍だったが、関羽に敗れて恭順の意を表した。

関羽 個人年表

162 年	河東郡解県で生まれる。
184 年	劉備、張飛と義兄弟の契り“桃園の誓い”を結ぶ。
190 年	反董卓連合に参加し、汜水関の戦いで、敵将・華雄を討ち取る。
200 年	曹操軍に徐州を攻撃され、曹操に降伏。曹操軍として官渡の戦いに参戦。敵将の文醜・顔良の首を討ち取り、功を上げた関羽は曹操のもとを立ち去り、再び劉備に仕える。
208 年	赤壁の戦いで曹操を逃がす。
215 年	呉との間で荊州の分割が決まる。
219 年	樊城の戦いで捕縛、処刑される。

関羽の墓がある河南省洛陽の関林。中国全土にある関帝廟の総本山で多くの参拝客が訪れる。

死後に神格化された三国志きっての猛将

劉備《りゅうび》、張飛《ちょうひ》と面識を持ち、桃園の誓いによって義兄弟の杯を交した関羽《かんう》。三国志で語られる数々の逸話においてその初期から主役級の活躍を見せ、多くの人々に愛されている。身の丈9尺（207センチ）にして重さ82斤（約49キロ）の青龍偃月刀《せいりゅうえんげつとう》を持ち、その威風堂々とした姿は見る者を圧倒した。とくに「美髯公《びぜんこう》」と呼ばれるほどのみごとな髭が知られ、その長さは2尺（46センチ）に達したという。

関羽の武勇を知らしめた逸話は数多いが、ここでは曹操《そうそう》のもとを辞して劉備に馳せ参じようと5つの関で合計6人の将軍を斬り殺していくエピソードを挙げたい。これは名だたる合戦とは趣を異にするものだが、数少ない手勢を率いて劉備の夫人らを守りながら守備の固い関所を難なく突破していくだりは、関羽の凄まじさを象徴するものといえるだろう。

なお、関羽は文武両道の英雄として描かれるが、それゆえに自信過剰のきらいがあったことが「正史」に記されている。荊州《けいしゅう》の守りを任されていた関羽が非業の死を遂げたのは、まさにそれが遠因であった。

第2位
合計 18.9

馬超《ばちょう》

蜀

五虎将軍に名を残す

西涼《せいりょう》の独立軍閥を率いる。父馬騰《ばとう》が曹操《そうそう》に謀殺されたため、仇討ちのために挙兵。曹操をあと一歩まで追いつめるが敗北（潼関《どうかん》の戦い）。馬超は関中《かんちゅう》を経て益州《えきしゅう》に到り、そこで劉備《りゅうび》に帰順して、頭角を現わすようになる。

三国志演義では後半のエピソードで活躍を重ねており、いわば物語の第2世代における猛将筆頭格といえよう。ことに益州を包囲していた劉備に馬超が恭順したことを知っただけで、益州を守っていた劉璋《りゅうしょう》はあっけなく降伏しており、馬超が国を失った将でありながらどれだけ武名を馳せて恐れられていたかがわかる。

劉備が蜀漢《しょくかん》王を名乗ったのちは五虎将軍のひとりに列せられた。また、新参の将に対して厳しい評価を与えがちな関羽《かんう》から実力を疑われるも、諸葛亮《しょかつりょう》の取り成しによって大事には至らなかった。

第3位
合計 18.8

呂布《りょふ》

他

裏切りを重ねた猛将

裏切りに次ぐ裏切りで、物語の序盤を大いに掻き回してくれるのが呂布である。

幷州刺史《へいしゅうしし》の養父丁原《ていげん》に仕え、それを暗殺して董卓《とうたく》のもとに走るものの、「美女連環の計」によりその董卓をも殺害。流浪の末に劉備の下に属するが、その劉備さえ裏切って徐州《じょしゅう》を奪う。最後は曹操とことを構え、生け捕られて斬首されている。

このように略歴を記すだけで、いかに最低な人物かがよくわかる。劉備、関羽、張飛《ちょうひ》の3人を同時に相手にするほどの武技を誇りながら、それでも3位にしかランクインできなかったのも納得である。

しかも、その最期もじつにふてぶてしい。

呂布は縛について曹操の前に引き立てられた際、「殿が悩みの種としていたのは私ひとりでしょう。それが降伏したのですから、もう心配事はないはず。私が殿のために働いてご覧にいれます」と、平然と言ってのけた。しかし、曹操の陣にいた劉備が呂布の裏切りの来歴を問い詰めたことで、ついに悪運尽きて首を落とされるのだ。

ただこのとき、呂布は「劉備こそが一番信用できない！」と曹操に仇《あだ》なす存在であると強弁しており、その予言はのちに的中することになるのだった。

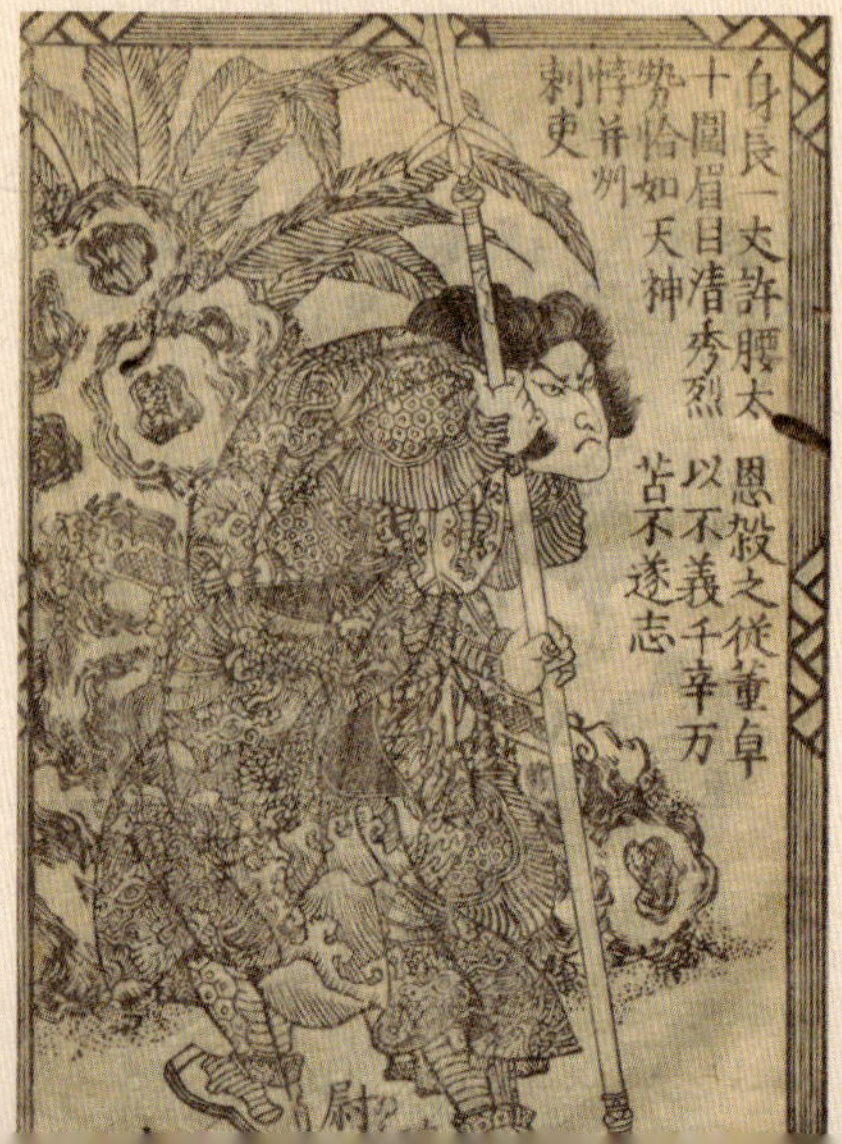

武力ランキング

1位	関羽	19.0点
2位	馬超	18.9点
3位	呂布	18.8点
4位	許褚	18.6点
5位	趙雲	18.5点
6位	張遼	18.4点
7位	陸遜	17.9点
8位	周瑜	17.7点
8位	曹操	17.7点
8位	孫策	17.7点

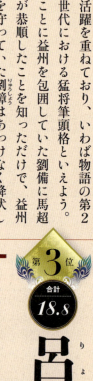

第4位
合計 18.6

許褚《きょちょ》

魏

怪力自慢の曹操親衛隊長

長らく曹操に使えた猛将で、もとは一介の農民であった。

曹操軍が黄巾賊《こうきんぞく》の残党と戦っている際に黄巾賊側の首領の何儀《かぎ》と典韋《てんい》の一騎打ちに割り込んだ許褚が何儀の身柄を奪い取ろうとして、典韋と甲乙つけがたい激闘を演じた。その腕を惜しんだ曹操が許褚を生け捕りにさせ、配下にした。

以来、曹操が没するまで実質的な親衛隊を任されて忠義を尽くし、魏軍《ぎぐん》内で存在感を放った。

ことに曹操は数多くの暗殺計画に晒《さら》されたが、それらの多くが頓挫、ないし未遂で終わったのは、許褚の存在があったからだ。

これほどの重鎮でありながら、三国志の逸話全体で俯瞰すると、許褚の存在感はやや薄い。関羽や張飛といった武人と比較したとき、やや華に欠けるのだろうか。それでも第4位にランクインしたあたりは、さすがというべきかもしれない。

第5位
合計 18.5

趙雲《ちょううん》

蜀

赤子を抱いて敵中突破！

長坂《ちょうはん》の戦いにおいて、劉備の子阿斗《あと》を胸に抱いて魏軍内で孤軍奮闘した逸話で知られる、蜀きっての猛将だ。この活躍ひとつとっても第5位というランキングはいささか過小評価のように感じるが、日本国内における趙雲のイメージはその程度に定まっているのだろうか。不憫である。

公孫瓚《こうそんさん》配下時代、当時まだ一武将だった劉備と共闘しているものの、一度は劉備のもとを離れた。しかし劉備が袁紹《えんしょう》を頼った際に再会を果たし、以来、劉備のもとで忠義を尽くした。劉備が孫権《そんけん》の妹を娶るために呉に赴いた際には警護役として同行しており、これがために劉備暗殺計画は実行に移されることがなかった。その存在感は圧倒的なものだったといえるだろう。

渡邉チェック

武力ランキング

呂布が3位なんですね。これが、ちょっと意外でした。歴史書では『人中に呂布あり、馬中に赤兎あり』という言葉があり、それほどの人物とされていました。さらに三国志演義では、虎牢関《ころうかん》の戦いのときに関羽と張飛と劉備の3人を相手に呂布は渡り合っています。つまり、単体であればランキング1位の関羽よりもさらに上位にきていてもおかしくないわけです。これが3位というのは、各登場人物の人気も反映したものだからなのかもしれません。

そして「武力」には、単なる個人の強さという以外に、本来なら軍隊を率いて戦う軍事力の評価も考えられますね。であれば、このランキングには曹操が圧倒的1位で入ってくるはずです。当然、孫権や劉備もランクインするでしょう。それがないということは、このアンケートに答えた人たちは揃って武将個人の強さという観点から回答しているわけです。三国志を学問として研究している立場からするとなんとなく納得しづらい結果ですが、この物語が一般にどのように捉えられているかを象徴しているのかもしれませんね。

人情ランキング

人情の第1位は、この人しかいないという、劉備が獲得。さらに多様な「情」を象徴する人物が出揃った。

義を貫き仁政を敷いた劉備は民心を惹きつけた

第1位

劉備《りゅうび》

蜀

選考理由
- 仁政で民衆の支持を集める
- 私利私欲を持たず漢王朝の復興に尽力
- 人を疑うことを知らない性格

合計	優しさ	援助力	一貫性	許容力
19.7	5.0	5.0	4.7	5.0

人情ランキングとは

単に蛮勇を誇るだけでは、能力ある者からの信奉は得られない。とくに武将たちは為政者としての能力も求められ、力だけで民衆の恭順を得ることはできない。そこで真価を発揮するのが人情なのだ。

劉備 個人年表

161年	涿郡涿県楼桑村で生まれる。
184年	関羽、張飛と義兄弟の契り“桃園の誓い”を結び、義勇軍を組織する。
201年	曹操に敗北し、荊州の劉表のもとに身を寄せる。
207年	三顧の礼で、諸葛亮を迎える。
208年	赤壁の戦いで曹操を破る。
212～214年	蜀に攻め入り劉璋を降伏させる。
219年	漢中を制圧して、漢中王となる。
221年	蜀漢の初代皇帝となる。
222年	夷陵の戦いで呉の陸遜に敗北を喫する。
223年	白帝城で病死する。

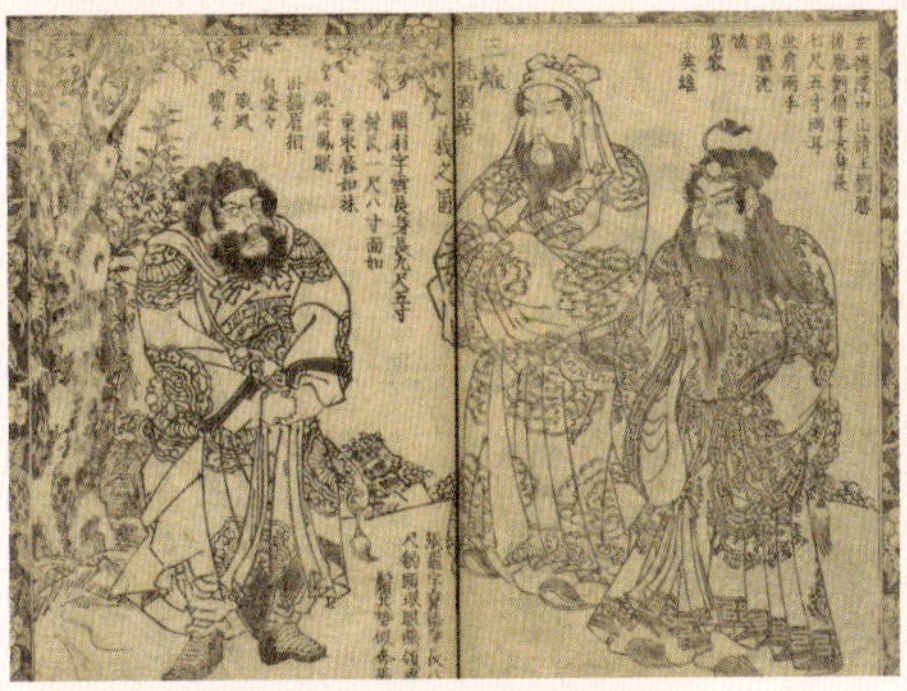

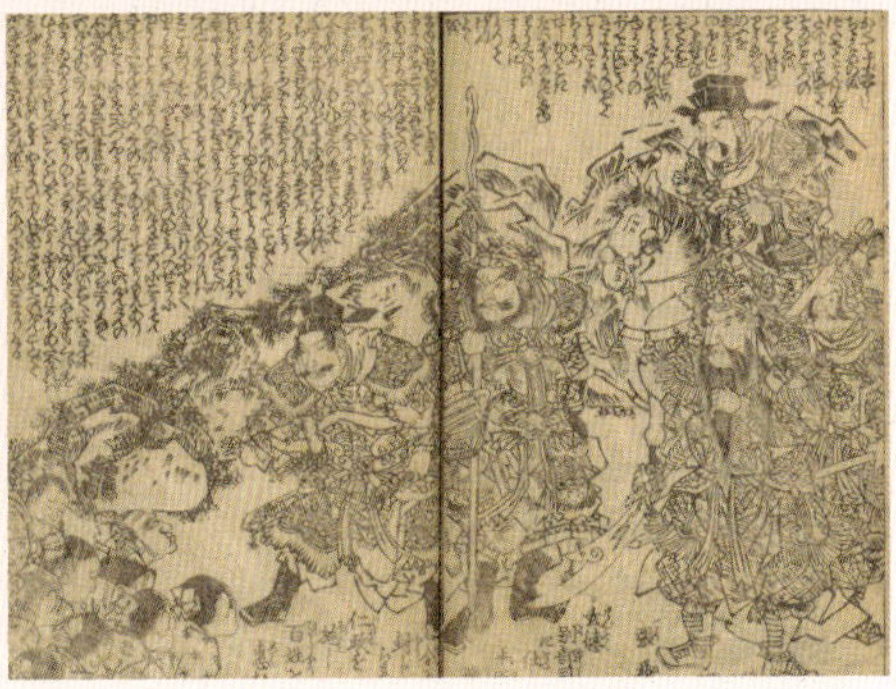

上・中左／関羽、張飛と義兄弟の杯を交す桃園の誓いの場面を描いたもの。
中右／初めて得た領地の平原で民衆に慕われる劉備。『三国志画伝』の一場面。

下右／成都市の武侯祠（ぶこうし）に残される劉備の墓。
下左／涿県（現在の涿州）楼桑村には三義宮があり、桃園の誓いを記念した碑が建てられている。

大義の前でも情を貫き あえて遠回りする男

黄巾《こうきん》の乱の荒れ狂う世相を憂い、関《かん》羽《う》、張飛《ちょうひ》らとともに義勇軍を立ち上げて参戦。衰退の一途をたどる漢王朝の復興のために身を捧げようとした、三国志演義の主人公である。

前漢の景帝《けいてい》の流れを汲む血筋だが、家運に恵まれず、筵《むしろ》売りをして生計を立てていた。こうした経験があったからか、出世してからも民衆のことを第一に考えた統治を優先する。当時の権力者の多くはその力を私利私欲に用いる傾向が強かったため、劉備の仁政は統治する領内はおろかその周辺にまで広く知られていたという。そのため、請われて領主の座に就くこともたびたびであった。

その一方で、過度な領土的野心は持たず、三国鼎立《ていりつ》の実現のために必要な蜀《しょく》の領土を獲得する際にも、諸葛亮《しょかつりょう》らの勧めを何度も退けてなかなか重い腰を上げようとせず、これが結果的に対立する魏《ぎ》や呉《ご》の勢力をより強大なものにさせてしまったという事実も否めない。その点で劉備は機を見るに敏とはいえないが、この人情味豊かな人物だからこそ多くの英傑が集って蜀《しょく》を打ち立てるにいたったのもまた事実である。

第2位
合計 19.1

孫策《そんさく》

呉

短い生涯を駆け抜けた英雄

父孫堅《そんけん》と弟孫権《そんけん》に挟まれて微妙に存在感の薄い孫策だが、人情ランキングではみごと第2位にランクイン。活躍した期間は短いものだったが、袁術《えんじゅつ》から得た手勢わずか1000を頼りに劉《りゅう》繇《よう》軍を翻弄し、勢力を拡大。ついには袁術から危険視されるまでになるが、江東《こうとう》を支配して独立を果たしている。これがのちの呉《ご》の母体となった。

江東支配に際してはその電光石火ぶりに各地で抵抗勢力を生むことになり、やや軽はずみな行動が批判に晒《さら》されることもあった。しかし人好きのする性格で、有能な人材の登用にも積極的であった。

その代表的な人物が劉繇の武将だった太史慈《たいしじ》で、一騎打ちを繰り広げた過去までありながら、降伏してきたのちは重用し、要職につけている。

あるとき、太史慈が旧劉備配下を集めてくると申し出た際、そのまま太史慈が離反することを心配する諸将を退け、孫策は快く送り出した。

太史慈もその信頼に応えて、約束通り帰還したのだった。

第3位
合計 19.0

関羽《かんう》

蜀

贅《ぜい》になびかぬ忠義の人

関羽最大の逸話といえば、やはり五関突破であろう。これが武力の象徴のみならず、劉備《りゅうび》に対する忠の象徴であることも、よく知られるところだ。

義兄弟の杯を交した劉備、張飛《ちょうひ》の生死がわからないままに曹操《そうそう》の軍門に下ることになってしまった関羽は、曹操に対して、劉備の所在が明らかになった際はすみやかに曹操のもとを辞するなど、かなり強気な3つの条件を出している。是が非でも関羽を自らの軍勢に迎えたかった曹操はその条件を呑み、さらに関羽に様々な恩賞を与えて引き止めようとした。しかし新しい衣服を与えられてもその上から劉備とともに過ごした当時からの着古した衣服をまとい、呂《りょ》布《ふ》から奪っていた名馬赤兎馬《せきとば》が関羽に与えられた際には「これでいつでも劉備のもとに参じることができる」と言い放つなど、関羽の忠義はけっしてブレることがなかった。しかも、いざ曹操のもとを辞する際には、それまでの恩義に礼をすべく何度となく曹操の館を訪れ、与えられていた金銀恩賞の数々をほぼ手つかずで寝起きした屋敷に残した。唯一持ち出したのは、前述の名馬赤兎馬のみである。

やや四角四面に過ぎるきらいはあるが、こうした関羽の忠義ぶりは特筆に値するものだろう。

人情ランキング

1位	劉備	19.7点
2位	孫策	19.1点
3位	関羽	19.0点
4位	趙雲	18.7点
5位	周瑜	17.9点
6位	諸葛亮	17.6点
7位	孔融	17.5点
8位	張遼	17.3点
9位	陸遜	17.0点
9位	曹操	17.0点

第4位
合計 18.7

趙《ちょう》雲《うん》

蜀

長坂の戦いの苦い記憶

あまり情と縁のなさそうな趙雲がこのランキングに名を連ねたのは、ひとえに長坂《ちょうはん》の戦いの奮戦ぶりがあったからであろう。劉備の子阿斗《あと》を抱えての敵中突破は、『三国志演義』における名場面のひとつだ。

しかしこの場面は、単に痛快なだけではない。曹操軍に追われて阿斗とともに身をかくしていた劉備夫人の糜《び》氏が、足手まといになるからと自ら井戸に身を投げて命を絶っており、なんとも後味の悪い展開となっている。そのため、文字どおり孤軍奮闘して阿斗を救いだした趙雲だが、劉備の前でことの次第を報告した際も、手放しで喜べずにいた。その印象が、趙雲を「情の人」として記憶させるのだろう。

第5位
合計 17.9

周《しゅう》瑜《ゆ》

呉

驕《おご》らぬ人格で人心をつかんだ

知略に優れた武将で、孫権《そんけん》を支えつづけた。その存在感は大きく、曹操が引き抜きを計ったり、劉備が奸計を用いて孫権との離間を計ったが、いずれも孫権との関係は揺がなかった。周瑜は孫策と同い年で、主従関係にありながらも家族ぐるみの親しい付き合いを重ねており、孫権ともまた同様に接していたのだろう。また、寛大な性格によって部下を掌握しており、それが呉水軍の強大さの礎ともなっていた。

そんななかで唯一折り合いが悪いとされたのが、孫堅《そんけん》に仕えていた宿将の程普《ていふ》だ。世代の違う周瑜の台頭を快く思わずにおり、ことあるたびにきつく当たった。しかしそれでも腰を低く接する周瑜の態度に次第に認識を改め、のちにはその人柄と能力を評価するようになったという。

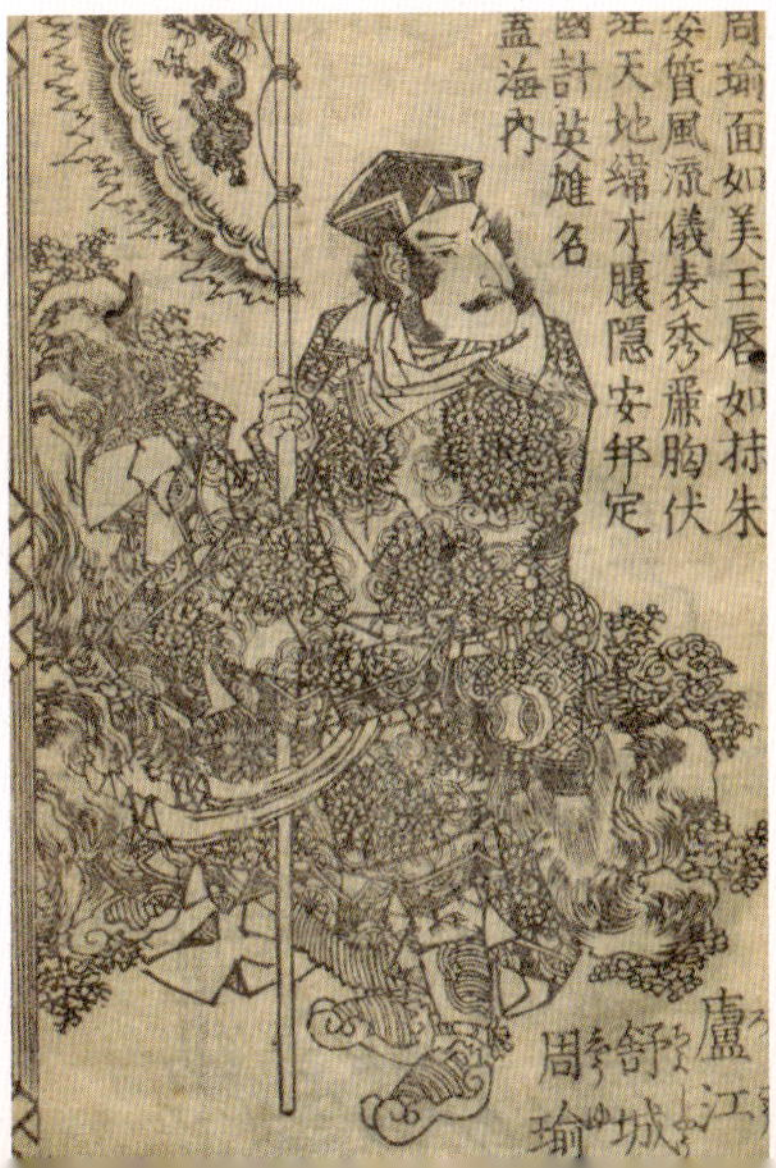

渡邉チェック

人情ランキング

正史でも演義でも劉備は情の人として描かれていますから、劉備の1位は動かないでしょうね。孫策が2位に入ったのは、太史慈の処遇や、5位の周瑜との関係なども評価の対象になっているからでしょうか。

そして、コメントしづらいのが関羽です。「人情」というよりも「義」の人ですからね。「情・義」とも言いますからあながち外れというわけではないのですが、「義」は「情」よりも上位の徳目なので、「人情」というカテゴリーで関羽を判断しようとすると、他の登場人物との比較が難しいのです。

同じように違和感を抱くのが、4位の趙雲です。かれが長坂の戦いで阿斗を救いだしたのは、「人情」ではなくて「忠」ですよね。劉備との信頼関係も、基本的に「忠」でしょう。

これをいったら元も子もないのですが、われわれ学者が三国志を紐解くとき、「人情」という視点はあまりないんです。このあたりが、純粋に物語を楽しむファンの方々とは違う部分ですね。ですから、私の解釈に関係なく、みなさん独自の感覚で楽しんでいただいていいんだと思います。

智謀ランキング

第1位には諸葛亮や曹操を制して、群雄割拠の動乱を経て晋を建国する基礎を築いた司馬懿が輝いている。

三国鼎立の世で知略を以て魏を支え晋の礎を築いた名将

第1位

司《し》馬《ば》懿《い》 魏

選考理由

- 三国鼎立の最終勝利者
- 諸葛亮の最大のライバル
- 将軍でありながら知謀に長けた

合計 19.0

智謀ランキングとは

単なる武力同士の衝突と、そこに知謀を凝らした戦いでは、まったく様相が異なってくる。圧倒的戦力差を逆転させてしまうほどに知謀の果たす役割は大きく、それが三国志を彩ってきた。

司馬懿 個人年表

179年	河内郡温県で生まれる。
201年	曹操の要請を受けて、その後仕える。
219年	孫呉を利用して関羽を破る。
228年	諸葛亮と手を結び魏を裏切ろうとした孟達を討ち取る。
234年	諸葛亮と五丈原で戦う。
238年	反乱を起こした遼東の公孫淵を討ち取る。
249年	クーデターを起こし、曹爽を処刑して権力を掌握する。
251年	洛陽で病死する。

上／五丈原の戦いでは寄せる蜀軍に持久戦で臨んだ。
右／魏に反乱を起こした公孫淵を包囲し、地の利を生かして殲滅した。
下／五丈原には石碑が残されている。

漁夫の利を得て晋を建国するにいたった？

代々高官を輩出した名家の出で、若年の頃より聡明闊達だった。それを知った曹操《そうそう》が出仕するよう求めたが、司馬懿はこれを嫌い、仮病を使って何度も拒んだという。

曹操のもとで存在感を示すようになるのは215年に曹操が陽平関《ようへいかん》の戦いに勝利した頃からで、このとき司馬懿は劉備《りゅうび》の蜀《しょく》まで攻め進むことを進言したが、曹操はこれを退けている。しかしその後は司馬懿の献策によって呉《ご》を動かし、荊州《けいしゅう》を守る関羽《かんう》を討ち取らせるなど、歴史に大きな影響を与えた。

曹操は望んで司馬懿を仕えさせたものの、次第にその才気を警戒するようになったが、曹操の子曹丕《そうひ》と親しくしたことで、司馬懿は難を逃れていた。

曹操の死後は曹丕、曹叡《そうえい》に重用されるようになり、諸葛亮《しょかつりょう》の北伐に対抗した。234年の五丈原《ごじょうげん》の戦いでは「死せる孔明《こうめい》、生ける仲達《ちゅうたつ》を走らす」の諺《ことわざ》で知られる失態を演じたが、遼東《りょうとう》の討伐では圧勝。のちにクーデターで魏《ぎ》の実権を握った。曹操が築きあげた勢力をもとに晋《しん》に繋がる権力基盤を構築した様は、さながら漁夫の利を得るようだが、これも智謀のなせる技である。

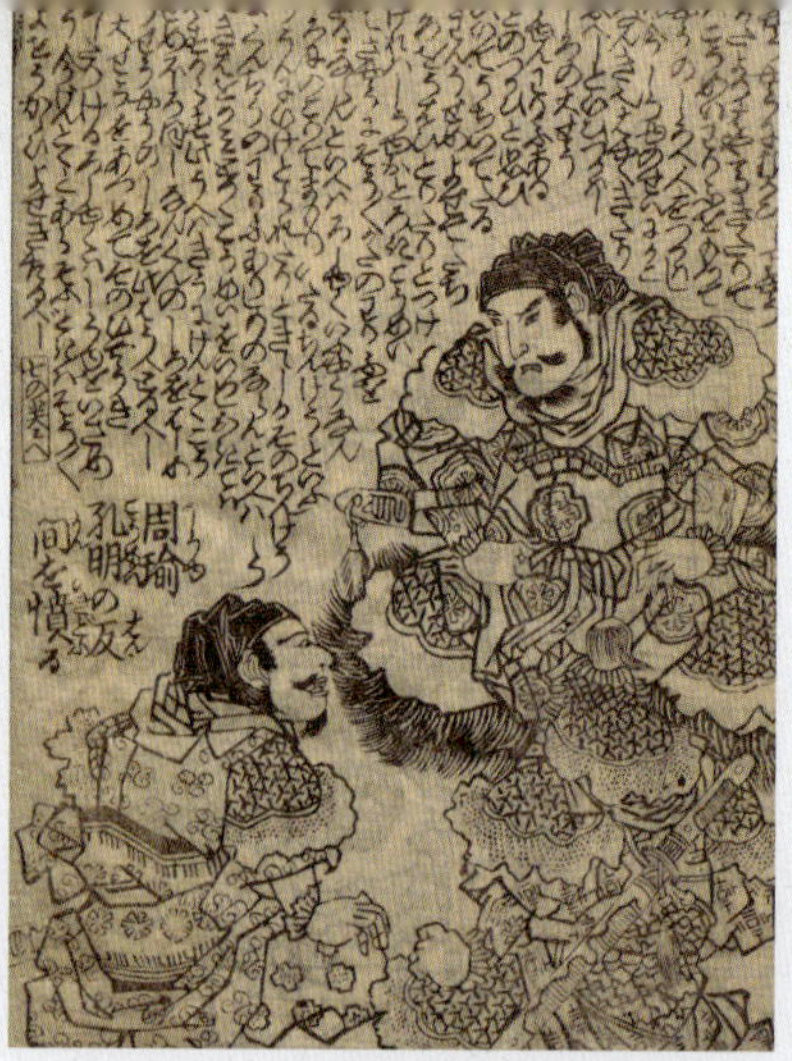

周瑜は何度も諸葛亮の知略に翻弄され続けた。

第2位
合計 18.3

周瑜《しゅうゆ》

呉

演義においては諸葛亮に屈す

周瑜自身はことに呉《ご》水軍の大都督《だいととく》としてのイメージが強いが、知略を凝らした場面も数多く知られる。とくに赤《せき》壁《へき》の戦いのはじまる前、曹操《そうそう》軍と戦うか否かで呉の諸将たちの意見がふたつに割れているところ、客観的に自軍の利を説いて孫権《そんけん》に開戦を決意させている。また、孫権の妹と劉備《りゅうび》の政略結婚も、周瑜が献策したものだ。

しかし演義では諸葛亮《しょかつりょう》には赤壁の戦いや荊州《けいしゅう》問題で何度も煮え湯を飲まされており、臨終の際には「天はすでに周瑜を生みながら、なぜ諸葛亮《しょかつりょう》をも生んだのか」と嘆いたという。

第3位
合計 18.0

諸葛亮《しょかつりょう》

蜀

天下三分の計が歴史を紡《つむ》ぐ

三国志における天才軍師の代名詞といえる諸葛亮が、第3位に登場。一般的なランキングであれば問答無用に1位になりそうなものだが、本書のアンケート回答者はやや天邪鬼な傾向が強いのだろうか。

もともと劉備のもとには徐庶《じょしょ》が軍師として仕えていたが、その徐庶の推薦で、しかも三顧の礼を以て迎えられたという鳴り物入りの登場である。その際に劉備たちに披露した策が、天下三分の計だ。その後も劉備たちの期待を裏切ることなく軍師として終生活躍し続けたのは、さすがというよりない。

軍師というと前線に出ることなく陣内で知謀を巡らすというのが定番のイメージであるが、諸葛亮は意外と行動的な一面も持っている。それがもっとも端的に表れているのが、赤壁の戦いである。諸葛亮はあらん限りの弁舌を尽くし、曹操軍と戦わせるべく孫権を説き伏せた。さらに周瑜と計画した火計を実現させるため、祈禱によって東南の風を呼んだ。諸葛亮は道教の秘法にも通じていたのだ。

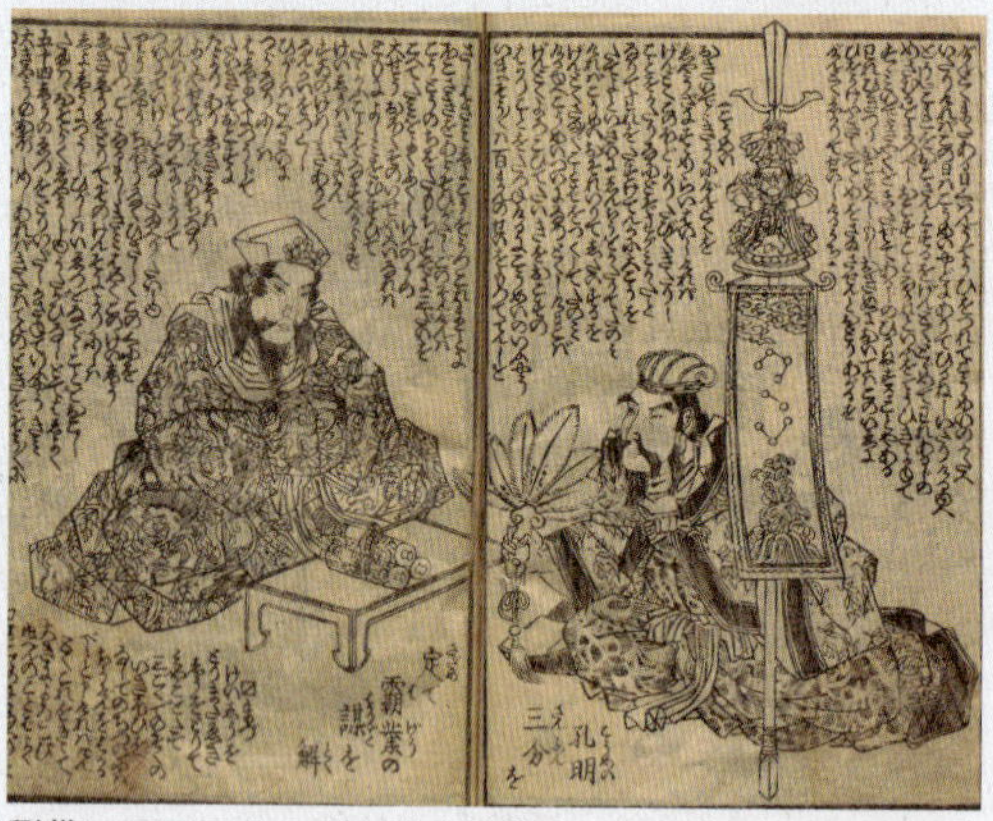

劉備に天下三分の計を説く諸葛亮。その壮大な策に劉備は戸惑うが……。

また、この孫権軍陣内の滞在中になにかにつけて孫権たちの先を読むことに危機感を抱かれて、諸葛亮は命を狙われる。しかし、そのひとつひとつも的確に見抜いて、実質的に敵陣のなかにありながら窮地を軽々と脱してしまうのだった。

孫権も周瑜もまんまとあしらわれてしまった格好だが、それでもランキングは周瑜の下。この結果は、さすがの諸葛亮も予測できなかったに違いない。

第4位
合計 17.7

陸遜《りくそん》

呉

周囲の懸念に成果で応えた

荊州を攻略せんとする呉軍の将呂蒙《りょもう》が、関羽《かんう》を欺くために病気を装って後方に引き上げる際に、後事を託したのが陸遜である。その抜擢理由が「知略はあるが実績も知名度もない」だというのだから、陸遜にとってはなんとも御挨拶な口上である。

しかしその期待に応えて陸遜はみごとに荊州を制圧し、関羽の生け捕りに成功した。また、その後の夷陵《いりょう》の戦いでも蜀《しょく》軍の動きを的確に捉え、撃退することに貢献している。

陸遜の立てる作戦をひと言で表現すると、堅実である。常に好機を待つ戦法で味方を勝利に導くのだ。

智謀ランキング

1位	司馬懿	19.0点
2位	周瑜	18.3点
3位	諸葛亮	18.0点
4位	陸遜	17.7点
5位	曹操	17.0点
6位	劉備	16.7点
7位	荀彧	16.5点
7位	賈詡	16.5点
9位	張遼	16.1点
10位	関羽	16.0点

第5位
合計
17.0

曹操《そうそう》

魏

曹操と袁紹が戦いを繰り広げた官渡の戦いの古戦場跡に建てられた、騎馬武者姿の曹操像。

意外にも兵法に造詣が深かった漢の丞相

漢の丞相《じょうしょう》の地位に昇りつめ、ついには魏《ぎ》王を名乗るにいたった曹操は、政治家としてのイメージが先行しがちだ。しかし史実の曹操は自ら兵を率いて前線に赴く将軍であり、相応の武芸の心得もあった。丞相となってからも、必要に応じて自ら出陣することも少なくなかった。

そんな曹操は、兵法についても深い造詣を持っていた。ことに『孫子』の研究については情熱を注ぎ、注釈を書き加えるなどして現在伝わる13編の形に編纂《へんさん》したのが、ほかならない曹操である。

このほかにも数多くの兵法書を記しており、その知識は実戦の場で大いに役立てられている。若かりし頃に曹操は何度も大敗を喫して死地をさまよっており、そうした経験が兵法の研究に走らせたに違いない。

しかしながら、そうした知識人としての曹操の性格は物語ではむしろ仇《あだ》となった。その典型が諸葛亮を相手にした場合だ。「曹操は兵法の知識があるからこちらに策ありと見て警戒するに違いない」と、思わせぶりな布陣に曹操を惑わせ、それによって勝機を逃すことがたびたびあった。

まさに〝策士策に溺れる〟の典型といえ、大きな局面で軍略的な冴えを見せるにいたらなかった。

渡邉チェック

智謀ランキング

やはりここは、諸葛亮がトップに来るべきだと思うんですが、どうなんでしょうね？　なんといっても、ランキングで周瑜に負けてしまっているのが、研究者としては納得のいかないところです。荊州で諸葛亮と周瑜が知恵比べをするシーンがあって、この逸話は諸葛亮の圧倒的勝利で「三度周瑜を怒らす」と語られるほどです。つまり、諸葛亮のほうがランキングで上位にいないと、本当は三国志演義が成り立たないんですね。しかし読者の印象では、周瑜のほうが上にきてしまう。このあたりが、面白いところです。

そしてもうひとつ、司馬懿がトップにきているというのも、なかなかユニークですね。たしかに三国志における最終勝利者ですから、ある意味、トップにきてもおかしくはありません。しかし、「死せる孔明、生ける仲達を走らす」でわかる知謀の格の違いとまるきり逆の結果ですから、このランキングだと、司馬懿はきっと走ってくれません（笑）。

あと、曹操が5位に入っているのも、個人的にはもうちょっと上でもいいのになあ、という感想です。

教養ランキング

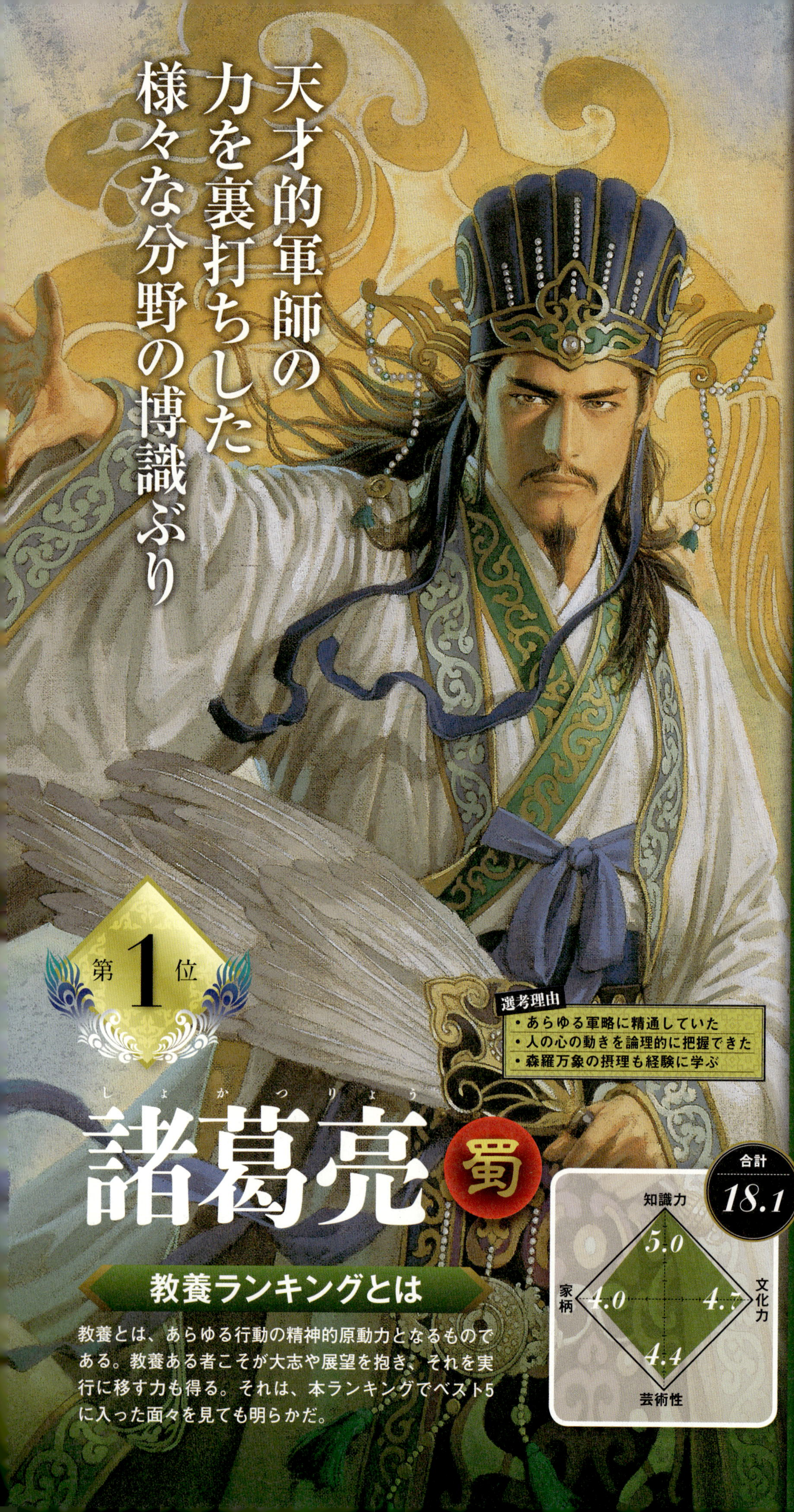

天才的軍師の力を裏打ちした様々な分野の博識ぶり

第1位

諸葛亮《しょかつりょう》

蜀

選考理由
- あらゆる軍略に精通していた
- 人の心の動きを論理的に把握できた
- 森羅万象の摂理も経験に学ぶ

合計 18.1

知識力 5.0
家柄 4.0
文化力 4.7
芸術性 4.4

第1位には、様々な学問と知識を動員して、漢室復興へ邁進した〝伏龍〟諸葛亮が選ばれた。

教養ランキングとは

教養とは、あらゆる行動の精神的原動力となるものである。教養ある者こそが大志や展望を抱き、それを実行に移す力も得る。それは、本ランキングでベスト5に入った面々を見ても明らかだ。

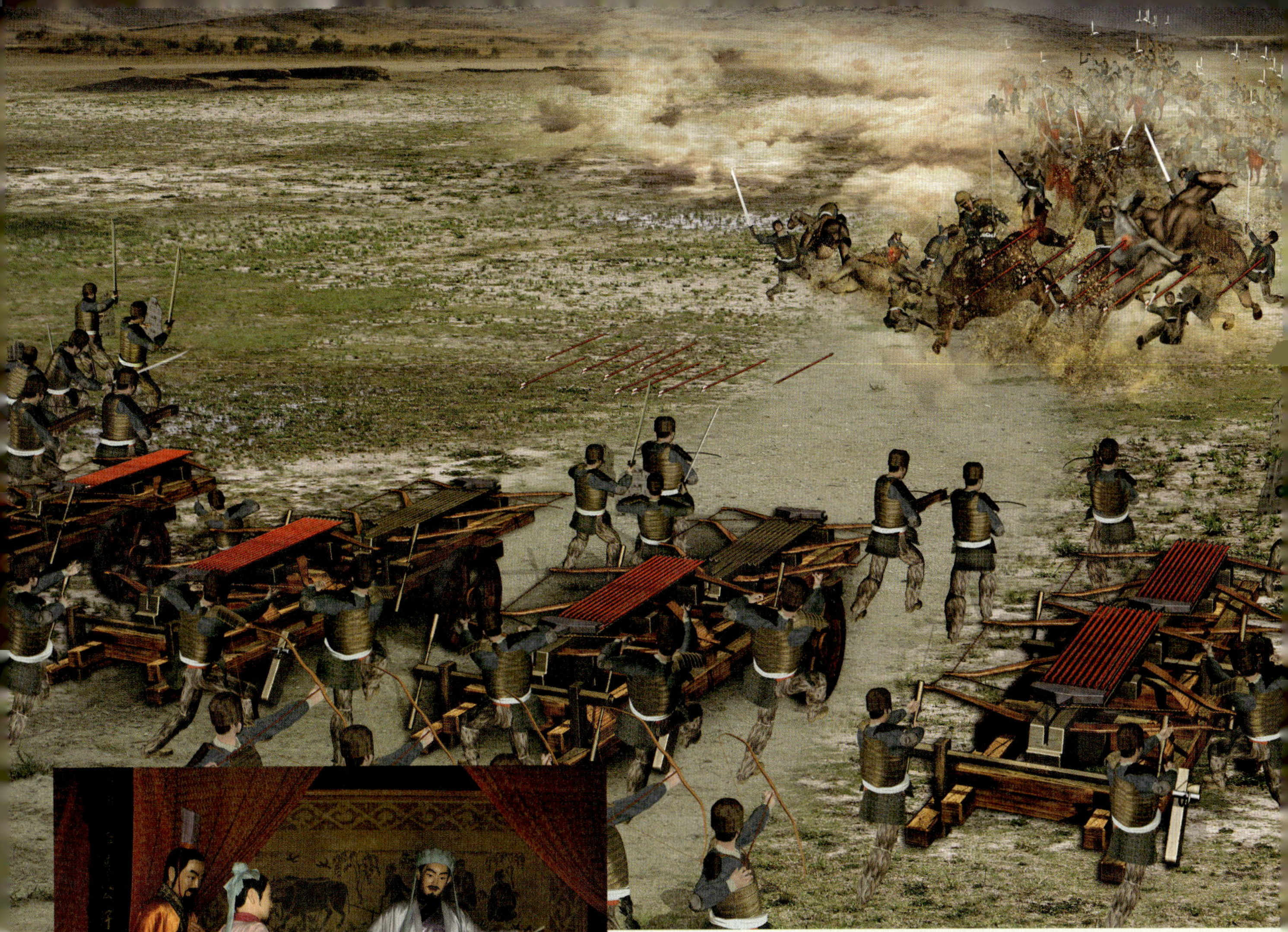

上／蜀軍が採用していたとされる諸葛弩。それより以前から存在していた連弩を改良して実戦投入したのが諸葛亮であるとされ、諸葛弩の名は彼に因んでつけられたものだ。一説には8本ないし10本の矢を一度に撃ち出すことができたという。こんな兵器を西暦200年頃に生み出した中国の文明に恐れ入る。
左／三顧の礼の舞台となった古隆中の三顧堂内に展示されている塑像。諸葛亮が巻物の地図を開いて天下三分の計を劉備に説く場面が再現されている。

諸葛亮　個人年表

181年	琅邪国陽都県で生まれる。
194年頃	荊州に移り住む。
207年	三顧の礼で、劉備に迎え入れられる。
208年	赤壁の戦いで、祈祷により東南の風を吹かせ劉備・孫権軍を勝利に導く。
221年	蜀が建国されると丞相となる。
223年	劉備が死去すると、劉禅の後見人となる。
225年	南蛮の反乱鎮圧のため南蛮王・孟獲を服従させる。
227年	劉禅に「出師の表」を上奏して、北伐を開始する。
234年	5度目の北伐・五丈原の戦いの陣中で病没する。

書物のほか地域の特色も観察対象とした学徒

荊州《けいしゅう》で隠遁生活を送る人物鑑定士の司馬徽《しばき》は、劉備《りゅうび》に「伏龍《ふくりゅう》と鳳雛《ほうすう》、このどちらかを得れば天下も握れる」と説いた。その伏龍が、諸葛亮だ。ちなみに、もう一方の鳳雛とは龐統《ほうとう》をさす。いずれも若くからその英才ぶりを芽吹かせていた、知る人ぞ知る書生である。

幼い時分から伯父諸葛玄《しょかつげん》に連れられて豫章《よしょう》に暮らしたが、諸葛玄の死後は弟の諸葛均《しょかつきん》とともに荊州に移り住み、そこで晴耕雨読の暮らしを続けた。当時から諸葛亮の博学ぶりは書生仲間の内でも群を抜いており、彼の才能を正確に評価できる者はごくわずかだったといわれる。その飽くなき好奇心や探求心は常に視線を内外にむけ、劉備が三顧《さんこ》の礼で27歳の諸葛亮を召し抱えた際には、すでに天下三分の計を腹案として完成させていた。これは各地の政治や経済、風土、地政学などに精通していて初めてなしうるものである。

また、軍師としてもその教養は遺憾なく発揮されており、赤壁《せきへき》の戦いで自軍を勝利に導くべく、『奇門遁甲天書《きもんとんこうてんしょ》』なる道教の秘法を操り、東南の風を吹かせた。儒教の教養だけでなく道術にも通じる。それが物語中の諸葛亮である。

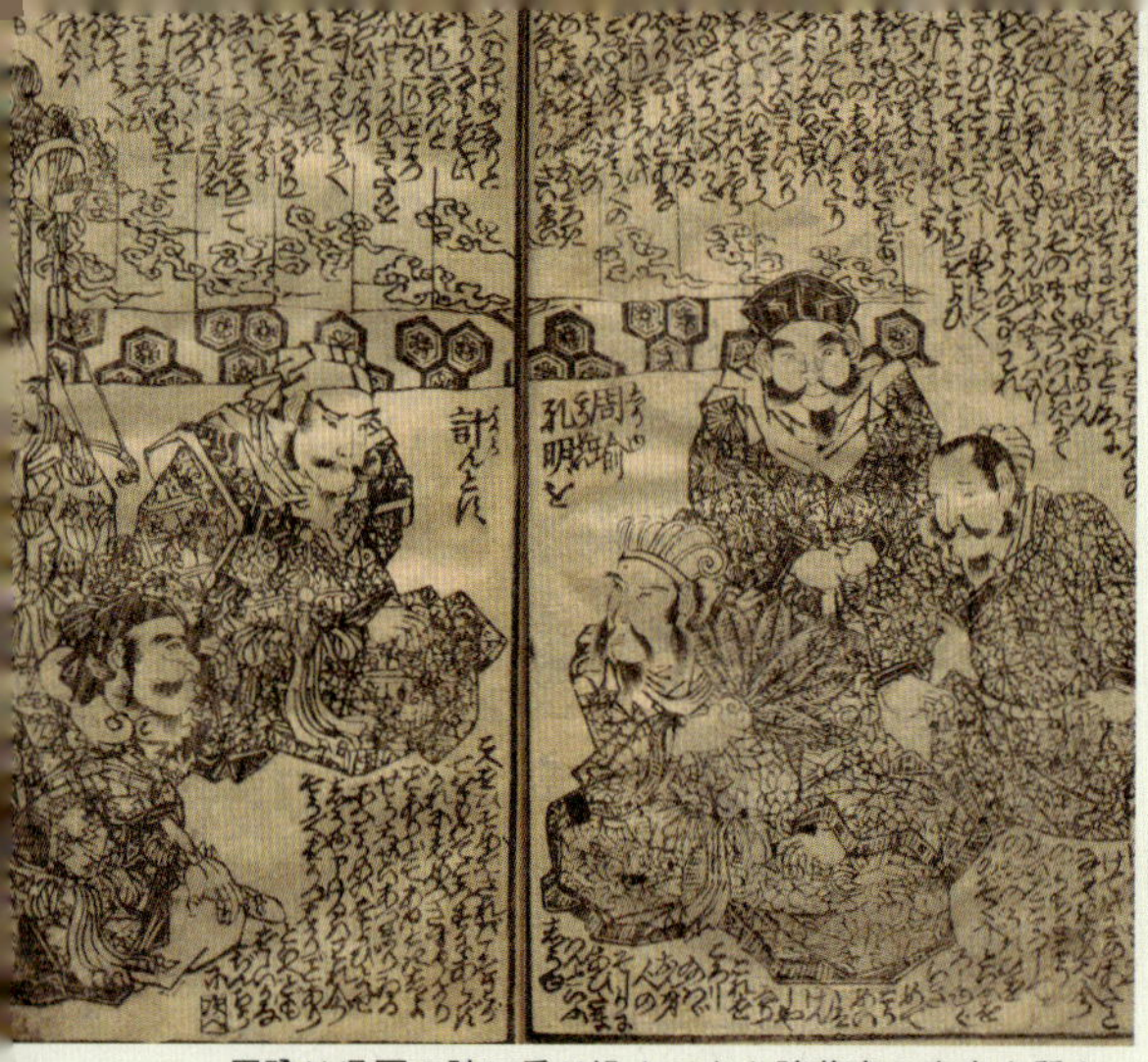

周瑜は呉軍の陣に乗り込んできた諸葛亮の真意を質さんと論戦を挑むが、みごとに返り討ちにあってしまう。

第2位

合計 17.7

周《しゅう》瑜《ゆ》

呉

武芸のほか音楽にも通じた

知略や武略については曹操《そうそう》や劉備《りゅうび》からも一目置かれるほどの存在であり、文武両道の武将として堂々の2位にランクインした。曹操はその才能を高く買っており、魏《ぎ》への引き抜きを画策したほどである。

諸葛亮《しょかつりょう》のライバル的存在として数々の活躍が記されているが、その多くで諸葛亮に手玉に取られており、いまひとつ周瑜自身の英邁《えいまい》さが引き立たないのが不運であった。本ランキングで諸葛亮の後塵を拝しているのも、彼が終生抜け出せずにいた不運の再現であろうか。

意外なことに音楽に対する造詣が深く、正史によると宴会の席で流される曲の演奏にわずかでもミスがあると、すでに数杯の杯を重ねたあとでもそれを聴き漏らすことがなかったという。そのため、当時の人々は「曲に誤りあれば周郎が振りむく」とはやり言葉を作った。

第2位

合計 17.7

劉《りゅう》備《び》

蜀

若くは書生として過ごした

若き日の劉備というと、貧乏暮らしで筵《むしろ》を売って生計を立てていたという逸話の印象が強い。そのため教養とは無縁のように思われがちだ。『三国志演義』において劉備が登場するのは青年時代からで、学問に打ち込む様子はあまり馴染みがない。

しかし正史における劉備は、15歳で母の意向を受けて同郷の儒学者として知られる盧植《ろしょく》に師事し、学問を学んでいる。

どこにそんな金銭的余裕があったのかと不思議に思えるが、もともとが前漢の景《けい》帝の傍流の家系であり、劉備の父劉弘《りゅうこう》も早世するまでは地元の官吏《かんり》として働いた豪族であった。さらに伯父から資金援助も受けていたため、書生生活を送ることに苦労はなかったようだ。しかも乗馬、音楽、美しい衣服を好み、さらに劉備の将来性を高く買った豪商から資金援助を受けるようになって、なかなかに充実した暮らしぶりを謳歌していたようである。

三国志演義における劉備の清貧な暮らしぶりのイメージが音を立てて崩れていきそうだが、この書生時代に築いた人脈が黄巾《こうきん》の乱に対抗する義勇軍を結成する際の基礎ともなっており、実は劉備にとって公私共に重要な時期であった。

なお、書生時代のことは三国志演義では間接的に描写されている。義勇軍を旗揚げしたのちに恩師盧植の陣に参戦しており、劉備は「先生」と呼んで駆け寄って、束の間の再会を喜んでいるのだ。

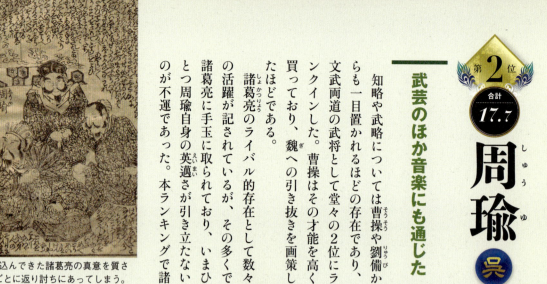

第4位 合計 17.5 荀彧《じゅんいく》 魏

曹操の懐刀として活躍した

思想家・儒学者である荀子《じゅんし》の末裔で、祖父の荀淑《じゅんしゅく》も儒学に精通した高潔な人物として知られた。

父荀緄《じゅんこん》とその兄弟7人はいずれも名声を勝ち得て「八龍」と称されている。こうした家系に生まれた荀彧はまさにサラブレッドであり、若くから「王佐《おうさ》の才を持つ」と称揚された。王佐とは、王道を行なう君主を補佐する、という意味だ。その言葉を実践するかのように30歳を前に曹操に仕え、曹操躍進の傍らに常に荀彧の姿があった。

しかし次第にふたりは見解を異にするようになり、国内での立場を危ういものにしていった。

第5位 合計 17.0 曹操《そうそう》 魏

文化人としても一流の実績

知謀ランキングに続き、教養ランキングでもベスト5に滑り込んだ。三国志演義では悪役の印象があるが、根強い人気のほどを伺わせる結果である。

ただし、単なる人気のみで獲得した順位ではなく、曹操は実際に文人としても高い才能を有していたことで知られている。丞相となってからの曹操は日中は政務に忙殺されていたものの、夜になると儒教の経典の研究に励んだ。知謀ランキングの欄で触れた『孫子』をはじめとした兵法書の執筆も、そうした活動の一環だといえる。

さらに配下に多くの文人を抱えて文学活動を推奨した。この活動によって花開いたとされるのが、いわゆる建安《けんあん》文学《ぶんがく》である。

単なる後援にとどまらず、自身も詩人として数多くの作品を残している。子の曹丕《そうひ》、曹植《そうしょく》とともに「三曹」と称されるほどの精力的な活動を見せ、その様を称して「槊《ほこ》を横たえて詩を賦《ふ》す」と後世に語られたほどである。まさに場所を選ばず詩を詠み、さらにその詩を管弦楽の曲に乗せて歌とした。その作品は六朝時代に昭明《しょうめい》太子《たいし》によって編纂された詩文集『文選《もんぜん》』にも収録されており、時代を超えて評価される完成度の高さだったことを伺わせる。

このほか、草書や囲碁にも長けていたことが『博物志』に紹介されており、さらに食にまつわる知識も豊富だったという。血まみれの戦争や生臭い政治の駆け引きに明け暮れながら、一流の文化人としても功績を残したのだ。

教養ランキング

1位	諸葛亮	18.1点
2位	周瑜	17.7点
2位	劉備	17.7点
4位	荀彧	17.5点
5位	曹操	17.0点
6位	魯粛	16.7点
7位	華佗	16.5点
7位	劉協	16.5点
9位	関羽	16.3点
9位	虞翻	16.3点

渡邉チェック

教養ランキング

なにかと諸葛亮については贔屓目に見てしまう私ですが、ことに教養というカテゴリーで見た場合、彼が第1位でいいのでしょうか。

というのも、この時代にはもっとすごい人がたくさんいたからです。まず、儒教史において不動のナンバー1といえる学者に朱子（1130～1200）がいるのですが、その朱子が目標として一生懸命越えようとした鄭玄《じょうげん》という経学の学者が、袁紹の軍師として三国志に登場するんですよ。また、鄭玄へ反発する学派が劉表のもとで荊州学を発展させていて、そんな反鄭玄の学者たちに学んだのが諸葛亮なんです。学問上のヒエラルキーで諸葛亮がどんなポジションにいるか、わかりますね。それでも、諸葛亮が1位なら、OKです（笑）。

あと私が順位をつけるなら、曹操が確実に周瑜や荀彧より上に来ますね。そして、劉備が2位にはなりません。そんなに深く学問を究めていませんからね。

あと、劉表が今回のベスト5から漏れてしまったのが残念ですね。荊州学の例でもわかるとおり、劉表は学問の守護者ですから、もっと評価されてもよかったと思います。

統率ランキング

諸将の支持が得られずとも耐え結果で皆を納得させる知将

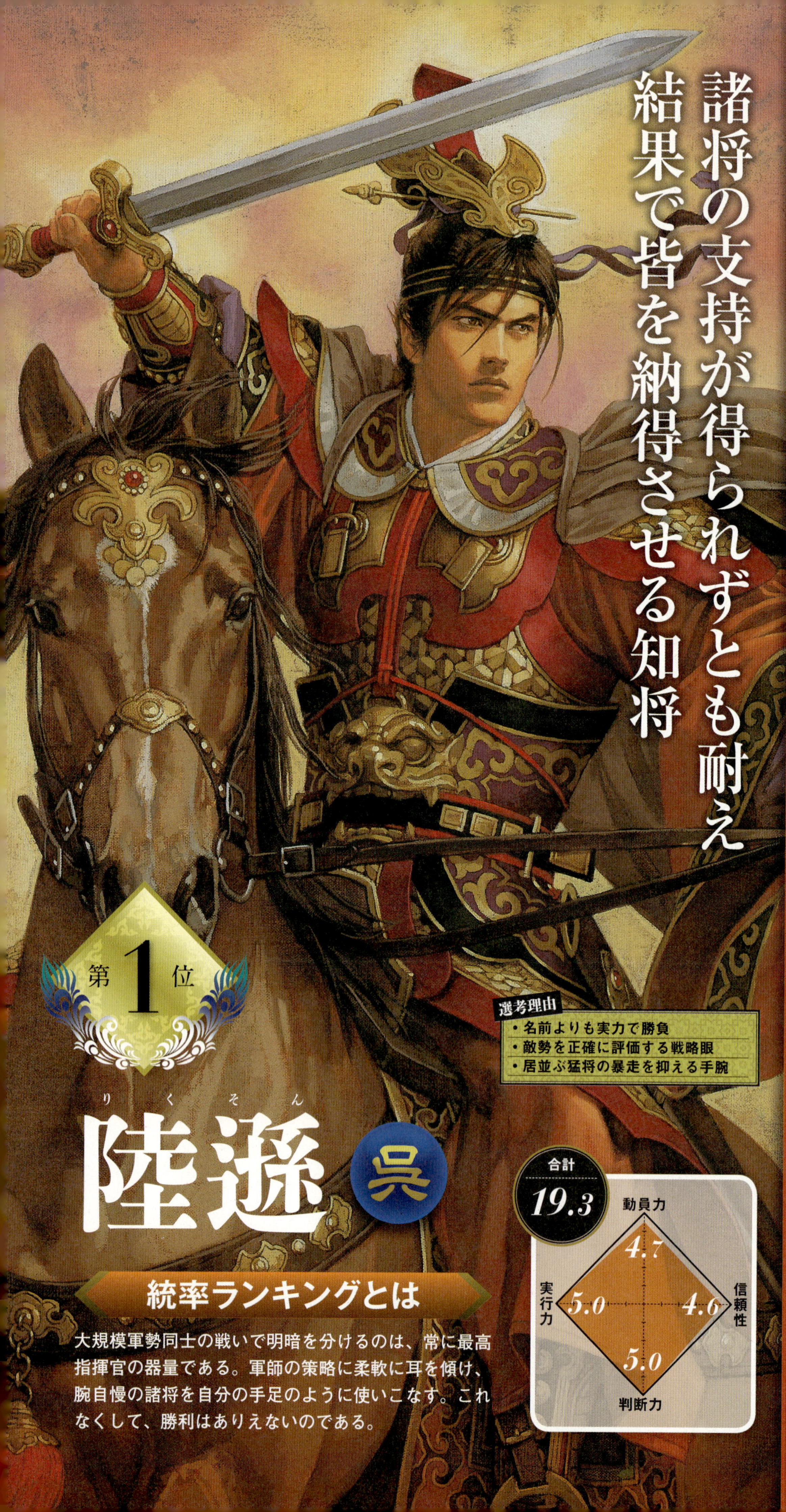

第1位

陸遜《りくそん》 呉

選考理由
- 名前よりも実力で勝負
- 敵勢を正確に評価する戦略眼
- 居並ぶ猛将の暴走を抑える手腕

合計 19.3

動員力	信頼性	判断力	実行力
4.7	4.6	5.0	5.0

統率ランキングとは

大規模軍勢同士の戦いで明暗を分けるのは、常に最高指揮官の器量である。軍師の策略に柔軟に耳を傾け、腕自慢の諸将を自分の手足のように使いこなす。これなくして、勝利はありえないのである。

第1位には、本命の曹操を抑えてダークホース的な存在の陸遜が選ばれたほか、周瑜、孫策も上位に輝いた。

夷陵の戦いにおいて、押し寄せる蜀軍に対し呉軍は火計で臨んだ。その戦術は赤壁の戦いを再現したかのようで、呉軍の完全勝利といっていい結果となった。これは陸遜の統率力あってのものだ。

夷陵の戦いの舞台となった湖北省宜昌の古戦場。現在は観光地として環境整備されており、多くのファンが訪れている。

陸遜　個人年表

183 年	呉郡呉県で陸駿の子として生まれる。
219 年	樊城の戦いで呂蒙とともに関羽の油断を誘う計略を立案し、関羽を捕らえ処刑する。
222 年	大都督に任命されると、関羽の仇討ちに現われた劉備軍を夷陵の戦いで撃破する。
228 年	周魴が偽の内通者となり魏の曹休をおびき寄せ、進軍してきた曹休軍を石亭の戦いで打ち破る。
234 年	同盟を結ぶ蜀に頼まれ、孫権・諸葛瑾とともに合肥新城を攻撃するが、敵に計略が漏れたため、急ぎ撤退する。
245 年	孫権の世継ぎ問題に巻き込まれ、無実の罪で流罪となり病死した。

実績のない将軍ながら手堅い采配で勝利を得る

三国志をひとつの物語として捉えたとき、陸遜はクライマックスに近い場所でいきなり登場し、かなり鮮烈な働きぶりを示す。荊州《けいしゅう》で関羽《かんう》を追いつめて死に至らしめるくだりは、多くの三国志ファン、とくに関羽ファンを敵にまわしたといっていいだろう。しかも、知名度、実績はなくとも能力は高い、などという紹介のされかたであるから、孫権《そんけん》も「こいつで大丈夫か?」と案じたほどで、その立ち位置がよくわかる。

一軍を率いる将軍としての能力は、確かなものである。何ひとつ危うさを感じさせない作戦を立案して、関羽が構築した烽火台《ほうかだい》のネットワークを切り崩した。一方の関羽は、陸遜の腰の低さにすっかり騙されて弱輩と侮《あなど》り、警戒を怠ってしまった。単なる将師としての能力にとどまらない陸遜の謀師ぶりがうかがえる。

また、その後の夷陵《いりょう》の戦いでも押し寄せる蜀《しょく》軍に対して呉《ご》軍の総大将として臨み、並み居る好戦派の諸将を説き伏せて好機到来を待ち続けた手腕は、確かに高い統率力があってのものといえるだろう。

第2位 合計 19.1

周瑜《しゅうゆ》

呉

呉水軍を鍛え上げた名将

呉《ご》軍内において実質的に孫権《そんけん》に比するほどの発言力、影響力を持つ。赤壁《せきへき》の戦いでも諸将を説き伏せて開戦に踏み切らせ、魏《ぎ》軍を潰走させている。水軍の調練にも余念がなく、その統率力は誰もが認めるところだ。定見を持ってことに当たり、周囲が付和雷同するなかでも泰然と臨む姿勢は、まさしく指導者の鑑《かがみ》だ。孫策《そんさく》、孫権と家族同様の付き合いをしてきたことも、「王佐の才」を涵養《かんよう》する資《もと》となった。

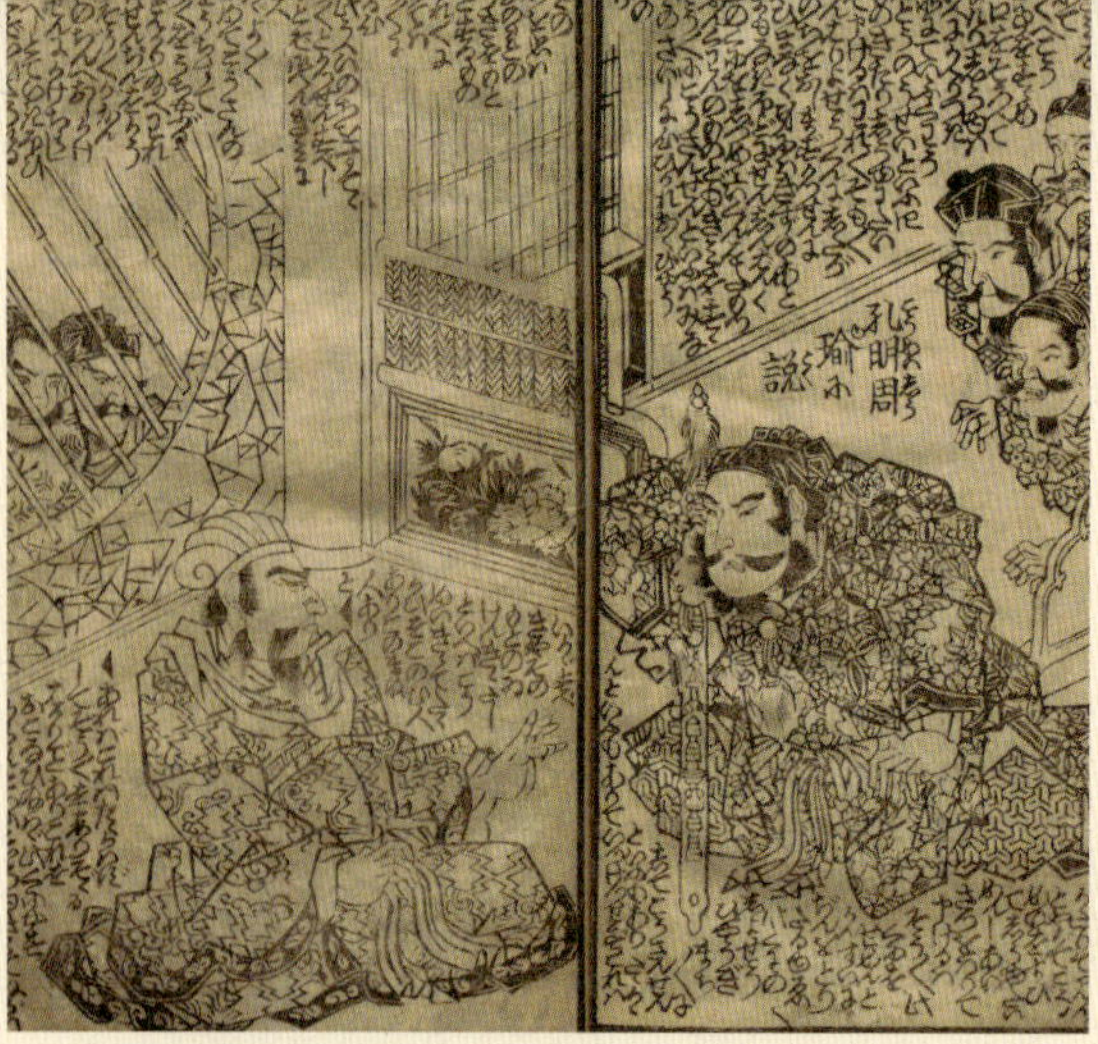

赤壁の戦いを前にした周瑜と諸葛亮の対話は、さながら両者の知恵比べであった。

第4位 合計 18.7

孫策《そんさく》

呉

艱難辛苦《かんなんしんく》を乗り越えた人物

襄陽《じょうよう》の戦いで父・孫堅《そんけん》が非業の死を遂げ、孫策は一気に減じた勢力を引き継いだ。しかしその逆境をバネに不屈の精神力と統率力を発揮し、わずか1000の兵を原資として劉繇《りゅうよう》を破り、江東《こうとう》を平定して飛躍の礎を築いた。まさに雑草魂である。

また、有能な人材の登用にも積極的で、のちに呉を支える呂蒙《りょもう》や虞翻《ぐほん》を発掘している。孫権《そんけん》に後事を託す際には「才能ある者を使いこなして領土を守っていくのはおまえの方が優秀だ」と語り、理性的な判断力を見せた。

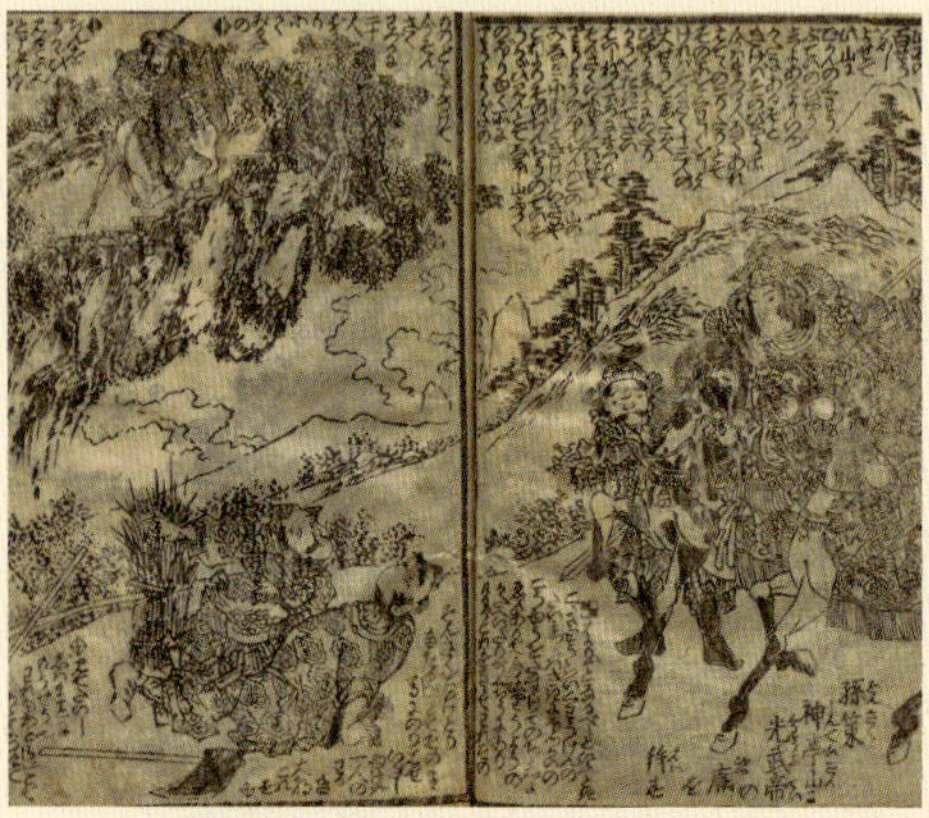

武運長久を願い家臣を引き連れ光武帝の霊廟を参拝する孫策。

第5位 合計 18.0

曹操《そうそう》

魏

動乱の大陸を駆けた風雲児

150万からの兵を動員して合戦に臨む力を持った曹操が、統率力ランキングでもベスト5入りを果たした。動乱の時代に最大で中国大陸の8割を版図に収め、盤石な体制を築きあげたその手腕は、武将として、政治家として、たしかな統率力があってのものである。ただし、漢朝を軽んずる行動のため折りに触れて曹操暗殺計画が浮上しては撃退という事例が繰り返されており、反抗する者も多い。

歴史上でも毀誉褒貶《きよほうへん》の激しい人物で、物語では劉備《りゅうび》の向こうを張って長らく悪役扱いの時代が続いた。しかし、近年では再評価の気運も高まっており、ひとかどの人物として描かれる機会も増えている。

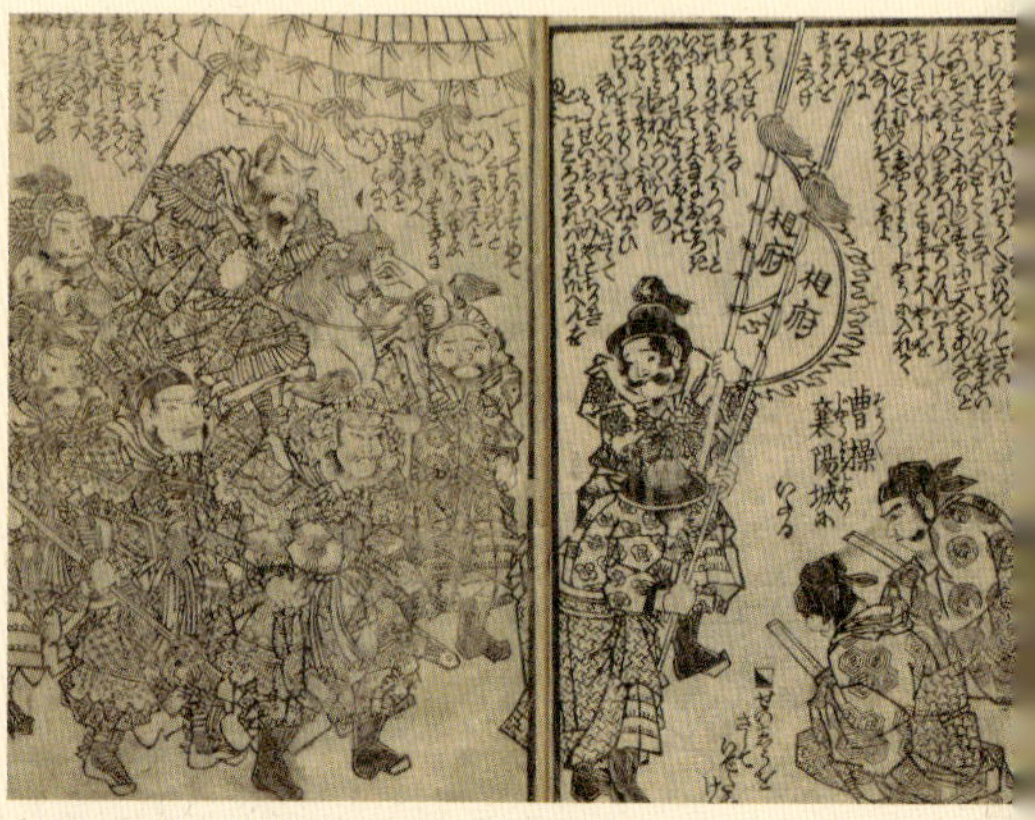

劉表の死後、大軍を引き連れて襄陽城に入る曹操。

渡邉チェック

統率ランキング

私の視点からすると、統率力のナンバー1は曹操ですね。孫子の兵法に注釈を書き加えたほどの軍略家で、荀彧《じゅんいく》にも死を賜ってしまうほどの人物ですし、何より中国大陸で最大規模に膨れあがった軍勢や魏王朝を束ね続けた指導力は、比肩するものがありません。これは動かない事実でしょう。

このランキングで陸遜が第1位に選ばれたのは、通好みのファンが多かったからでしょうか。物語に登場した当時はまったく信望の薄い人物ですし、周瑜のほうがよほど呉をうまく統率できたと思うんですが。

あと、謎なのは孫策が4位にランクインしていることですね。たしかにわずかな兵力からスタートして江東平定を成し遂げたのは相当の統率力があってのことだとは思いますが、それは一時的なものに過ぎません。部下が全然命令に従わず弾圧を繰り返すブラック上司の一面もあって、結果的に暗殺されていますからね。

そして、諸葛亮贔屓の私は、ここでも声を大にして言います。諸葛亮は、もっと順位が上でもいい(笑)。

第3位
合計 18.9

諸葛亮《しょかつりょう》 蜀

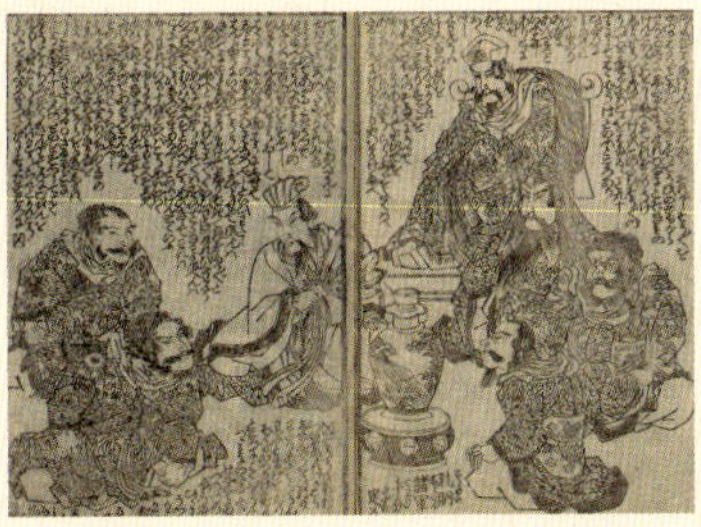

諸葛亮は血気にはやる劉備軍の諸将それぞれに役割を分担させ、戦場を計略で支配した。

点と点を結び線とする策略の妙で勝利を重ねた

三顧《さんこ》の礼を以て劉備《りゅうび》の臣下に迎えられた諸葛亮は、当時27歳。劉備が47歳であったから、親と子ほども歳が離れている。長年にわたって劉備に従ってきた諸将らは当然、おもしろくない。

関羽《かんう》、張飛《ちょうひ》は劉備が諸葛亮へ入れ込むことに対して苦言を呈した。しかし、諸葛亮にとって初采配となった曹操軍との対決は地の利を踏まえた計略がぴたりとはまり、10万の大軍をわずかな手勢でみごとに撃退している。ここに至って関羽も張飛も諸葛亮の実力を認めざるをえず、以後は全幅の信頼を寄せるようになった。

その後は長らく劉備の臣として仕え、カリスマ軍師としてむかうところ敵なしの状態で荊州《けいしゅう》を獲得、さらに入蜀《にゅうしょく》を果たす。夷陵《いりょう》の戦いの陣中で劉備が没してからは劉禅《りゅうぜん》を戴くが、劉備の遺言に従い政権実務は諸葛亮が担当した。命令に反した行動で軍を大敗させた馬謖《ばしょく》を斬首させるなど、軍規の乱れを防ぐために苦しい決断を下すこともあった。

その後、数次にわたる北伐《ほくばつ》を経て、五丈原《ごじょうげん》の戦いの陣中で病没するが、事前に残した策略で蜀軍のみごとな撤退をなしえている。「死せる孔明、生ける仲達《ちゅうたつ》を走らす」の言葉が残るが、孔明は統率力を発揮して、死してなお生ける蜀軍の窮地を救ったのである。

統率ランキング

1位	陸遜	19.3点
2位	周瑜	19.1点
3位	諸葛亮	18.9点
4位	孫策	18.7点
5位	曹操	18.0点
6位	司馬懿	17.7点
6位	趙雲	17.7点
8位	関羽	17.3点
9位	張遼	16.7点
9位	曹仁	16.7点

三国志研究の第一人者

渡邉教授が語る三国志演義

三国志を愉しむ極意は多様性を紐解くこと

正史の三国志と対をなすのが『三国志演義』だ。史実をベースにしながらも、フィクションとして物語の面白さを追求した脚色なども随所に見受けられる『演義』の愉しみかたを徹底追及!!

日本人の三国志の原点は吉川英治にある

中国では時代を追って30種類以上の『三国志演義』が刊行されていて、日本に『三国志演義』が紹介された厳密な時期は特定されていませんが、少なくとも戦国時代にはすでに『演義』の1バージョンである「李《り》卓《たく》吾《ご》本《ぼん》」がもたらされています。

江戸時代にはその訳本となる『通俗三国志』が湖《こ》南《なんの》文《ぶん》山《ざん》によって発表され、これを底本として現代風の小説として昭和初期に新聞連載の形式で発表されたのが、吉川英治の『三国志』です。それ以前から三国志は知られていましたが、この吉川三国志が人気を決定的なものにしたのです。

ですから、日本において三国志を語る上で、吉川三国志は必読の書といえるでしょうね。あとで詳しく語りますが、『三国志演義』には幾つものバー

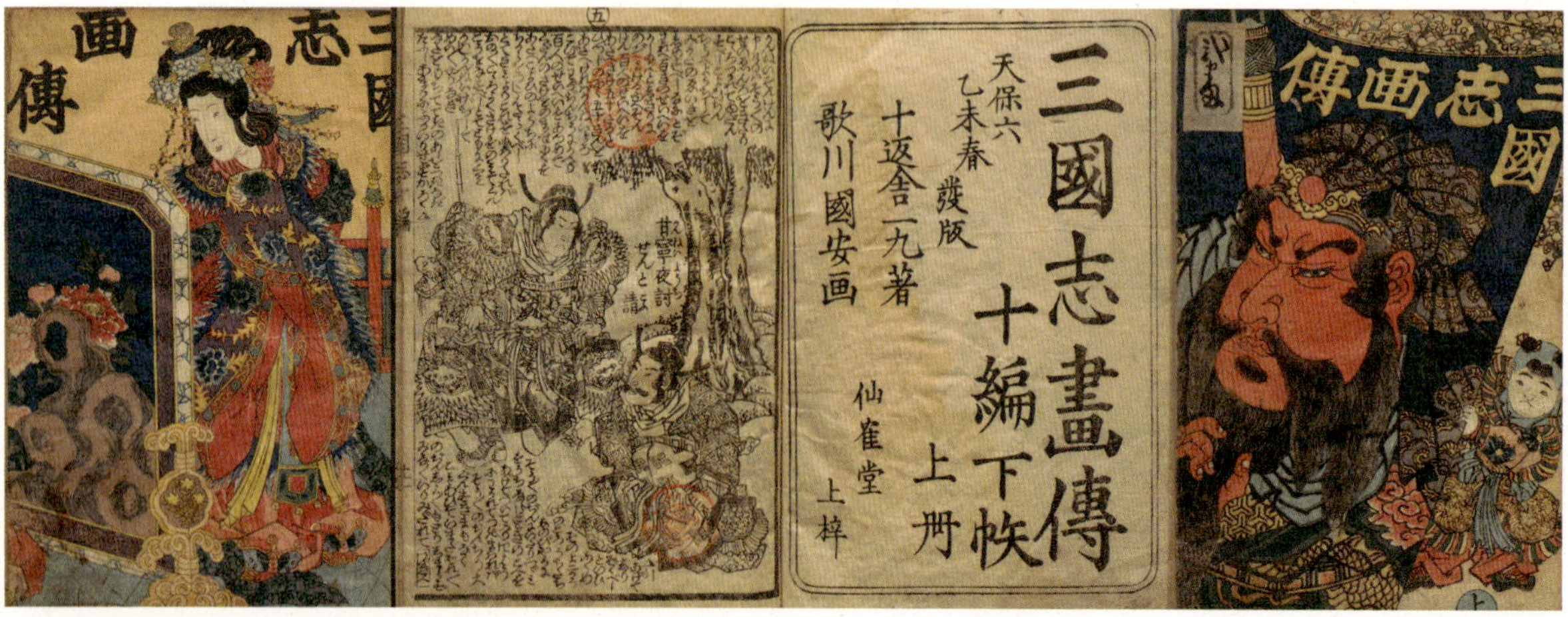

三国志が広く一般に親しまれる原点のひとつとなった、十返舎一九が連続読み物として発表した『三国志画伝』。これも『通俗三国志』を下敷きとしたものである。

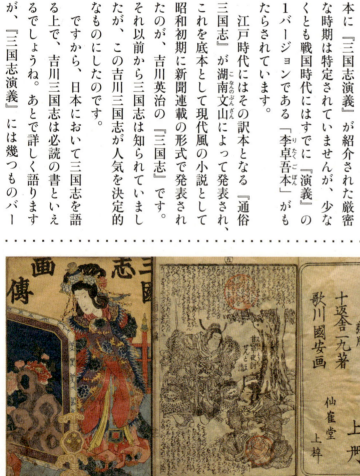

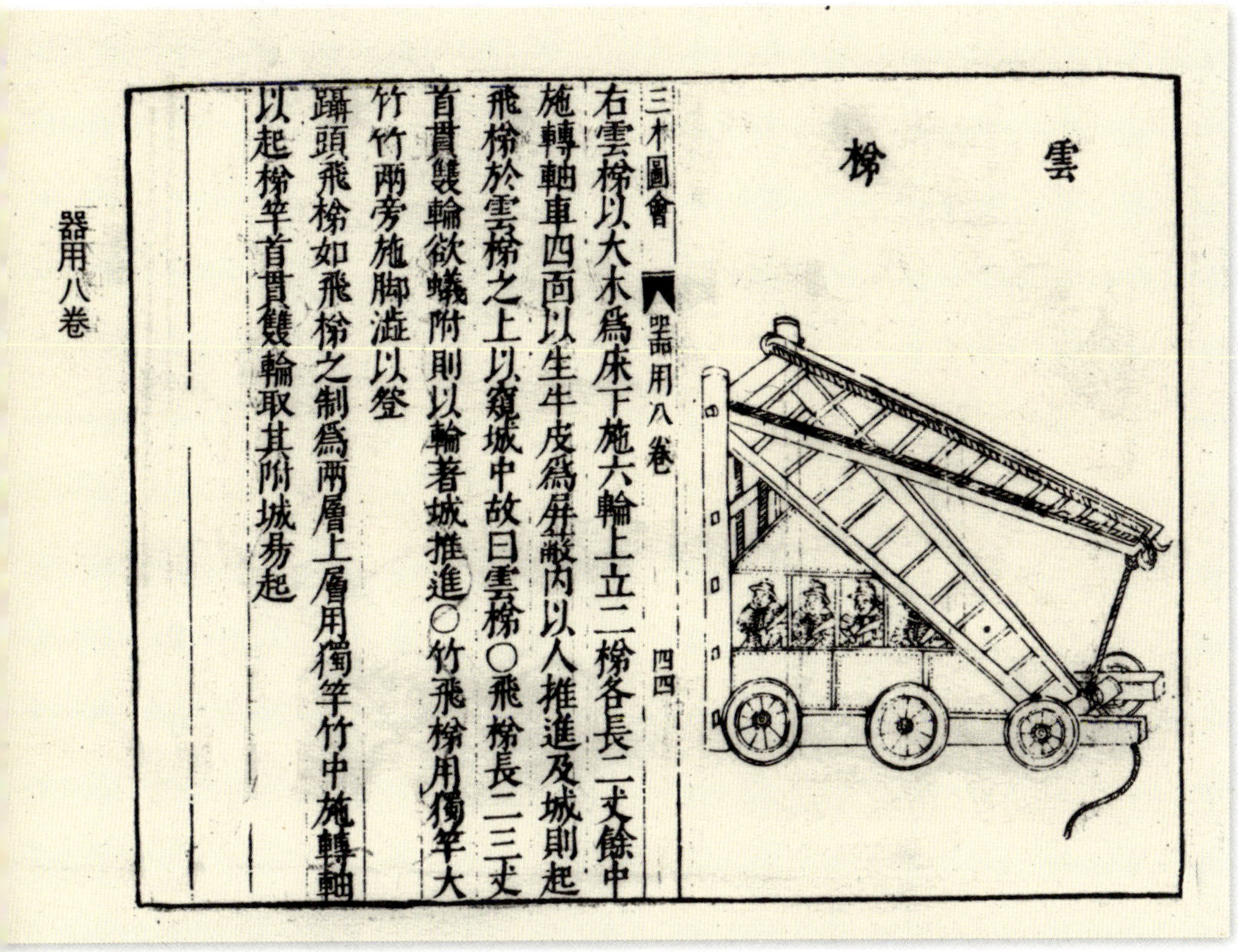

雲梯

三才圖會 器用八巻 四四

右雲梯以大木爲床下施六輪上立二梯各長二丈餘中施轉軸車四面以生牛皮爲屏蔽内以人推進及城則起飛梯於雲梯之上以窺城中故曰雲梯○飛梯長二三丈首貫雙輪欲蟻附則以輪著城推進○竹飛梯用獨竿大竹竹兩旁施脚澁以登

躡頭飛梯如飛梯之制爲兩層上層用獨竿竹中施轉軸以起梯竿首貫雙輪取其附城易起

器用八巻

雲梯《うんてい》

雲梯は、台車の上に折り畳み式の梯子を取りつけ、この梯子を伸ばして城壁にかけて兵を突入させる仕組みだ。中国戦国時代の思想家である墨子《ぼくし》が著した『墨子』には、公輸盤《こうゆはん》がこれを開発したという記述が見られる。

ジョンがあり、それぞれ記述される内容に違いがあります。これを比較していくとき、吉川三国志にどのように描かれていたかが、ひとつの基準になってしまっているのです。ですから、漫画やゲームから入ったファンの皆さんも、できるだけ早い時点で吉川三国志を読んでおくことをお勧めします。

三国志は人々の生き様が盛り込まれた物語

日本における三国志像を紐解く前に、まずは原典となる『三国志演義』を見ていきましょう。現在の中国で定番とされる最新版は「毛宗崗本《もうそうこうぼん》」といい、17世紀半ばに成立したとされています。毛宗崗本では奸絶《かんぜつ》（悪の極み）としての曹操《そうそう》、智絶《ちぜつ》（智の極み）の諸葛亮《しょかつりょう》、義絶《ぎぜつ》（義の極み）の関羽《かんう》の3人を軸に据えて、そこから物語を見ていくのが一般的です。

日本では吉川三国志の影響で、曹操と諸葛亮の二大英雄の話として定着していますね。ですからこれを起点として、『蒼天航路』のように曹操を奸絶ながらも溌剌としたキャラクターとして描く物語も生まれました。フィクションとしての三国志がどのように発展していっても、史実とは切り離した存在ですから、大丈夫。好きなように楽しんでいけばいいのです。

ここでひとつ、英雄譚とは別の楽しみかたを提案してみましょう。

私たちが吉川三国志を読んでいくと、曹操や劉備《りゅうび》、諸葛亮や関羽、張飛《ちょうひ》といったキャラクターにばかり目が行きがちですが、もう少し視野を広げて全体を俯瞰すると、群像劇としていろんな人たちの生き様が描かれていることがわかります。

たとえば、劉備《りゅうび》に仕えた最初の軍師である徐庶《じょしょ》。かれは母親が病に伏せっているという手紙を受け取り、母への「孝」と劉備への「忠」の狭間で苦しみます。最終的に徐庶は「孝」を選んで母親の元に駆けつけますが、母親は息子が「忠」を選ばなかったことを嘆き悲しんで、自ら命を絶ってしまう。

『三国志演義』には1000人を超える登場人物があって、どんな境遇でどんな生きかたを選ぶのか、様々な類型がちりばめられています。そこに注目していくと、三国志の世界がもっと面白いものになってくるはずです。

幾つもの種類が存在する三国志演義の奥深さ

先ほども触れましたが、『三国志演義』には何百年もの間にまとめられてきた30種類以上のバージョンがあって、

諸葛亮（手前）と劉備

中国、日本で知られる『三国志演義』で中心人物のひとりとして高い人気を誇る諸葛亮。その存在感は他者を圧倒するものだ。

書かれた各時代ごとに物語の内容が少しずつ変化します。その最新の決定版的存在なのが毛宗崗本《もうそうこうぼん》。日本に紹介されて定着した李卓吾本《りたくごぼん》はそれより以前の成立ですから、中国人にとっての三国志と日本人にとっての三国志は、微妙に異なることになります。ここで、どちらのバージョンのほうが正当だ、優れているという話はナンセンスですよね。それよりも、それぞれの『演義』がどのように書き分けられているのか、正史とどんな違いがあるのかを読み比べていくほうが、圧倒的に面白いはずです。

また、正史もそのすべてが正しいのかといえば、そうではありません。たとえば、正史のなかの一節として書かれている『魏志倭人伝《ぎしわじんでん》』における倭国《わこく》の描写がめちゃくちゃであるように、単に正史は「正統」と位置づけられているだけなのです。

ちなみに三国志は、日本の卑弥呼《ひみこ》の時代の物語です。そんな時代に多様な攻城兵器や武器が造られており、その描写に注目するのも面白いですよ。

フィクションの採用でエピソードが彩られる

長い歴史のなかの三国時代がどのようなものであったかを理解しようと思

ったら、正史三国志を紐解くだけでは足りません。遥か以前の戦国時代から秦《しん》、そして三国志よりあとの隋《ずい》や唐《とう》といった帝国、これらを含む中国の古代史全体を眺めて、そのなかで三国時代というものの位置づけがわかってきたとき、本当の姿が浮き上がってくるのではないでしょうか。

　ではここで、複数の『三国志演義』で正史にないフィクションが組み込まれていった一例をご紹介しましょう。

　毛宗崗本では、諸葛亮《しょかつりょう》が南征するときに、象と戦う場面が描かれています。このシーンで関羽《かんう》の三男の関索《かんさく》が出てくるんですが、じつは、関索は実在の人物ではありません。『花関索伝《かかんさくでん》』という、一寸法師のようなキャラクターが活躍する物語があって、「関」という文字の共通項から、関羽の息子として物語のなかに組み込まれていったのです。これは、中国における関羽信仰がどれほどのものかを伺わせる事例ですね。

　関羽信仰によって脚色された例を、もうひとつ。袁紹《えんしょう》のところに劉備《りゅうび》が身を寄せていたと知り、関羽が曹操《そうそう》のもとを辞して五関突破を計る、いわゆる千里独行のエピソード。現存する『三国志演義』の中でもっとも古い版とされる嘉靖本《かせいぼん》では、ちょっと記述が異なっているんです。ほかの項では関羽のことを「雲長《うんちょう》」と書いているのに、千里独行のところだけ「関公《かんこう》」となっている。つまり、最初に誰かが書き上げた本に、関羽の偉業を強調するためにあとから別の誰かが千里独行部分を書き加えたんです。だから、こうした記載の食い違いが出てくるんですね。

　しかもこの千里独行の面白い部分は、関羽が劉備のもとに最短距離で馳せ参じたいはずなのに、やたらと見当違いな方向にむかっていることです。というのも、当時の地理情報というのは重要な軍事機密でもあり、現代のように誰でも地名とその位置関係を調べられたわけではありません。『三国志演義』が書かれた当時は江南《こうなん》での出版が盛んでしたから、著者も江南の人物で、北の地理には不案内だったのでしょう。

　あと、関羽が死んでしまったシーンが削除された版もありますね。関羽は神様として崇拝されていますから、彼が死んだ場面を書くわけにはいかない、という判断でしょう。その結果、該当部分がざっくりと削られて、その前後の部分をつじつまが合うように書き直した『三国志演義』が存在するんです。

　こうした事例から、いつごろから関羽が神様と見做されるようになってきたかを知ることができますね。

有名なエピソードが史実とは限らない

関羽つながりで、もうひとつ。

　曹操のもとにいた当時の関羽が、曹操から「寿亭侯《じゅていこう》」という印を与えられたが、受け取りを辞した。曹操は関羽が何を気にしたのかを悟り、「漢」の字を加えた「漢寿亭侯」印を作り直すと、関羽は「丞相《じょうしょう》はよくわたしのことをお分かりになっていらっしゃる」と笑顔で受け取ったという。日本の三国志のゲームなどでも採用されているようで、多くの方がご存知ですね。しかしこの逸話、毛宗崗本ではカットされています。この印は「漢の寿亭侯」ではなく、「漢寿」という土地を与えられた「亭侯」という地位を意味するので、逸話そのものが誤りなのです。

　ではなぜ日本では知られているかというと、毛宗崗本より成立の早い李卓吾本には、まだカットされずに残されているからです。これが毛宗崗本の編纂の時点で誤りだと発覚し、削除されたわけですね。ところが日本では李卓吾本が紹介されてその後の吉川三国志へと繋がっており、毛宗崗本は広く普及していません。そのため、誤ったエピソードがそのまま定着しつづけているわけです。

　こうしたエピソードごとの研究は、じつは江戸時代から盛んで、滝沢馬琴《たきざわばきん》が『南総里見八犬伝』のなかで、赤壁の戦いを前に10万本の矢を集めた諸葛亮の逸話の原典について主人公に語らせていたりもしています。それくらい、魅力のある逸話が『三国志演義』にあふれているんでしょうね。

PROFILE

【本誌監修者】
Yoshihiro Watanabe
渡邉義浩
わたなべ・よしひろ
1962年、東京都生まれ。早稲田大学文学学術院教授。専門は中国古代史。三国志学会事務局長。主な著書は『三国志 英雄たちと文学』（人文書院）、『一冊でまるごとわかる三国志』（大和書房）、『三国志 運命の十二大決戦』（祥伝社）等。范曄『全譯後漢書』（汲古書院）日本語訳の全19巻を完成。ハリウッド映画『レッドクリフ』（監督：ジョン・ウー）の日本語版に監修として参加している。

第二章 三国志 合戦・名場面ランキング

三国志の血沸き肉踊る大合戦や名場面、さらに心揺さぶられる名言まで

見逃せない大合戦ランキング

1位	五丈原の戦い
2位	赤壁の戦い
3位	夷陵の戦い
4位	長坂の戦い
5位	合肥の戦い
6位	虎牢関の戦い
7位	下邳の戦い
8位	官渡の戦い
9位	樊城の戦い
10位	潼関の戦い

驚きの計ランキング

1位	空城の計
2位	氷城の計
3位	苦肉の計

革新的な兵器ランキング

1位	連弩
2位	発石車
3位	雲梯

忘れ難い名場面ランキング

1位	三顧の礼
2位	桃園の誓い
3位	典韋の最期

三国志の時代背景は、ご存知の通り日本の戦国時代より、約1400年も古い。この頃すでに今や世界遺産となった万里の長城も築かれているし、戦いの舞台となる城も、日本とは比べ物にならないくらいスケールがデカい。

しかも、そこで繰り広げられる合戦は、日本の戦国時代における最大規模の「関ヶ原の戦い」や「大坂の陣」など比較にならないくらいの壮大さで、城を守る城壁も立派なら、その城壁を破る攻城兵器も破壊力抜群。もちろん動員兵力も桁違いで、日本との格差に驚かされる。

三国志に登場する魅力あふれる登場人物以外に、このような合戦や、心を打つ名場面に魅了された三国志ファンは多いだろう。

この章では、見逃せない大合戦、驚きの計、革新的な兵器、忘れ難い名場面、そして胸に残る名言をランキングした。

あなただったら何を選ぶか考えながら、読み進めてほしい。

惜しくも11位で選外となった、「陽平関の戦い」の一場面。曹操軍が撤退したとみせかけて、張魯軍に奇襲をかけ勝利した。

渡邉チェック

合戦ランキング

見逃せない合戦ランキングの第1位は、五丈原の戦いですか。もうこれは、当然です。五丈原がなければ三国志は成り立ちません。五丈原で諸葛亮が死んでしまって涙を流すから、三国志の物語は存在するのです。もうこれ以外に1位はないですね。第2位に、赤壁の戦いが入るのも順当ですね。諸葛亮が風を呼ぼうが呼ぶまいが第2位は赤壁です。これは天下三分が定まった戦いで、曹操個人にとっては官渡の戦いの方が、天下分け目の重要な戦いですが——三国鼎立《ていりつ》という状況が出来上がっていくという意味においては、赤壁は重要な戦いなんです。で、夷陵の戦いがここ（第3位）なんですね。この戦いは劉備の情が出てくるところで、関羽のために軍を動かしたということだけでも、この位置にいる価値はあります。ボコボコに負けちゃう馬鹿さ加減も含めて、劉備が素晴らしいのが夷陵の戦いです。でも長坂が上のほうがいいような気がしますけどね。官渡の戦いの第8位は低すぎですね。曹操が10対1という兵力差を跳ね除け勝利し覇権を握った戦いで、これは赤壁に次ぐ重要な戦いなんですよ。

胸に残る名言ランキング

1位	泣いて馬謖を斬る
2位	死せる孔明、 生ける仲達を走らす
3位	蒼天すでに死せり 黄天まさに立つべし
3位	大事を済すには 必ず人を以て本となす
3位	短を以て敗を取るは、 理数の常なり

三国志の胸躍らせる戦いはこれだ！

見逃せない大合戦ランキング

壮大な三国志を彩る
数々の大合戦。
英雄や豪傑がところ狭しと
暴れまわる武勇談。
その裏で策を練る軍師や
指揮官の知略。
それらの要素が複雑に絡み合い、
戦いに胸踊らせ、勝敗に涙する、
そんな大合戦をランキング。

大合戦 第1位

死せる孔明、
生ける仲達《ちゅうたつ》を走らす

五丈原《ごじょうげん》の戦い

魏 司馬懿軍 40万 VS 蜀 諸葛亮軍 34万

合戦日：234年２月～８月　主戦場：五丈原　勝敗：司馬懿の勝利
魏軍主要武将：夏侯覇、司馬師、郭淮　蜀軍主要武将：魏延、王平、楊儀、姜維

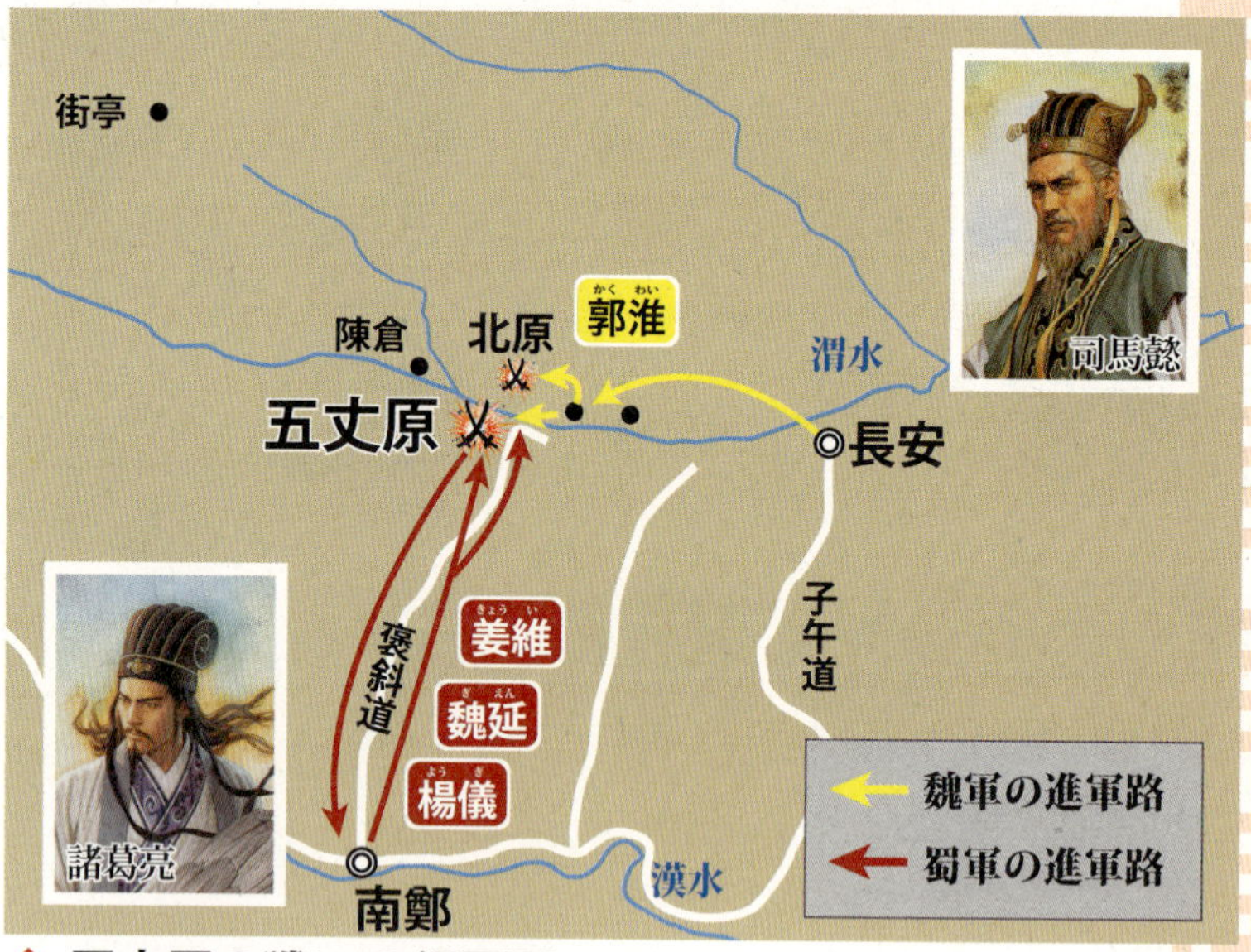

❖ 五丈原の戦いの行軍図

諸葛亮の奇策を恐れ続けた魏の大将軍司馬懿仲達

蜀《しょく》の諸葛亮《しょかつりょう》（孔明《こうめい》）は過去4度の失敗にもくじけず、234年2月に5度目の北伐の軍を起こした。亡き劉備《りゅうび》の遺志である漢王朝の再興を成し遂げるには、自身の生命のあるうちに魏《ぎ》を滅ぼさねばならない。そのため、健康の不安を押しての出陣だった。

成都から34万の軍で北上し、渭水《いすい》南岸の五丈原《ごじょうげん》に着陣。過去の出兵では物資を補給する兵站《へいたん》線の崩壊から撤退を余儀なくされていたので、今度は万全の態勢で臨んでいた。魏では大将軍の地位についていた司馬懿《しばい》（仲達）が、蜀軍を上回る兵力で出陣。渭水の南岸と北岸に強固な防衛線を築いて、蜀軍の長安への進出を阻もうとした。

魏軍が進出してくると、諸葛亮は配下の魏延《ぎえん》に渭水の北岸に侵攻させた。しかし、魏軍の郭淮《かくわい》が勇戦して、魏延軍は撃退されてしまった。さらに、司馬懿の本隊が堅陣を築いて打って出ようとはしなかったので、戦線は膠着《こうちゃく》状態に陥ってしまう。そこで諸葛亮は蜀陣のまわりの原野に屯田《とんでん》を拓かせ、長期戦の態勢を整えざるを得なかった。

司馬懿は諸葛亮の体調が万全ではないことを、諜報によって知っていた。

蜀軍が一斉に退却するのを見た魏の司馬懿は、諸葛亮が急逝したためと判断し追撃戦を決意した。

選考理由
- 諸葛亮の最後の戦いだから
- ふたりの軍師の知恵比べ
- この戦い後に天下三分が崩れたから

そのためいくら挑発を受けても出陣しようとはせず、諸葛亮が倒れるのをじっと待ち続けた。そのため対陣は初夏にまで及んだが、ついに諸葛亮は陣中で重篤に陥ってしまう。自らの死期を悟った諸葛亮は、蜀軍の撤退を決意。弟子でもあった姜維《きょうい》に秘策を授け陣没。全軍の指揮は楊儀《ようぎ》に託された。

蜀軍が撤退を始めたことを見て取った司馬懿は、諸葛亮が死んだと判断。全軍で追撃戦を開始する。しかし姜維が反転して、攻勢に転じてきた。その軍中に諸葛亮の姿があったので、司馬懿はあわてて退却。しかし実はその諸葛亮は本物ではなく木像だった。諸葛亮の最後の策にはまった司馬懿は「死せる孔明、生ける仲達を走らす」との揶揄《やゆ》を受けることとなった。

五丈原の丘陵地に建てられた「諸葛亮廟」。元初に創建され、現存する建物の大半は清代に建てられた。

大合戦 第2位

三国志の白眉ともなる大会戦で孫権が曹操を撃破した。

赤壁《せきへき》の戦い

孫権・劉備軍 約5万 VS 曹操軍 約83万

合戦日：208年　主戦場：長江赤壁　勝敗：孫権・劉備連合軍の勝利
連合軍主要武将：周瑜、黄蓋、諸葛亮　曹操軍主要武将：蔡瑁、程昱、張遼

❖ 赤壁の戦いの行軍図

現在の湖北省赤壁市にある「赤壁の戦い古戦場」で、詩人・蘇軾（蘇東坡）が『赤壁の賦』を詠んだ場所とされている。

諸葛亮の奇策を恐れ続けた魏の大将軍司馬懿仲達

荊州《けいしゅう》攻略を目指す曹操《そうそう》軍20万の侵攻に、劉備《りゅうび》は滅亡の危機に晒《さら》された。そこで、軍師・諸葛亮《しょかつりょう》は江東《こうとう》の孫権《そんけん》と同盟して曹操軍に当たろうと献策。自らが軍使となって孫権に面会し、ついに説得を成功させ同盟が成った。孫権は大都督《ととく》の周瑜《しゅうゆ》率いる4万の水軍を中心とした軍を長江上流へと派遣したのだ。

曹操も軍船1000隻を越える水軍を編成し、陸上からも長江下流へと進撃させた。両軍は荊州の赤壁《せきへき》近郊で激突したが、水軍の練度は孫権軍のほうが高かった。緒戦の激突で劣勢となった曹操は、赤壁の対岸の烏林《うりん》に巨大な砦を築き、大船団を係留して鉄壁の守りを固める。

諸葛亮はまだ、周瑜の陣内に留まっていた。曹操軍の船団が密集していることに着目し、周瑜と火計を計画。老将・黄蓋《こうがい》がわざと背中に杖打ちを受け、曹操に投降する旨の手紙を送った（苦肉の計）。曹操は疑いながらも、周瑜軍内にいた密偵から、黄蓋が罰を受けたことを知らされた。

さらに、諸葛亮は陣内で祈禱し、風向きを変えてみせると公言。果たして風向きは東南に変わり、曹操軍は風に向かうこととなった。

戦いの火蓋は、黄蓋が配下の船団を率いて曹操軍に接近することから始まる。周瑜軍が、黄蓋を追撃する態勢を示したので、曹操軍は黄蓋の船団の接近を許してしまう。

大船団の間近まで達した黄蓋は、自身の船団に火を放ち、曹操軍に突っ込ませた。あらかじめこれらの舟には油を染み込ませた藁《わら》を大量に積んでいたのだ。密集し繋ぎ合わされていた曹操軍の船団はそれを避ける術もなく、たちまち炎上していく。曹操はこの混乱を防ぐことができず、大軍は忽《たちま》ちにして崩壊し、かろうじて自身の本拠地・許都《きょと》まで逃げ帰った。

曹操の船団は荒波を避けるため繋ぎ合わされており、火計による被害から逃れることはできなかった。

三国志演義では諸葛亮が、敵軍の矢を集めるため、藁舟を接近させ曹操軍に無駄矢を放たせたとされている。

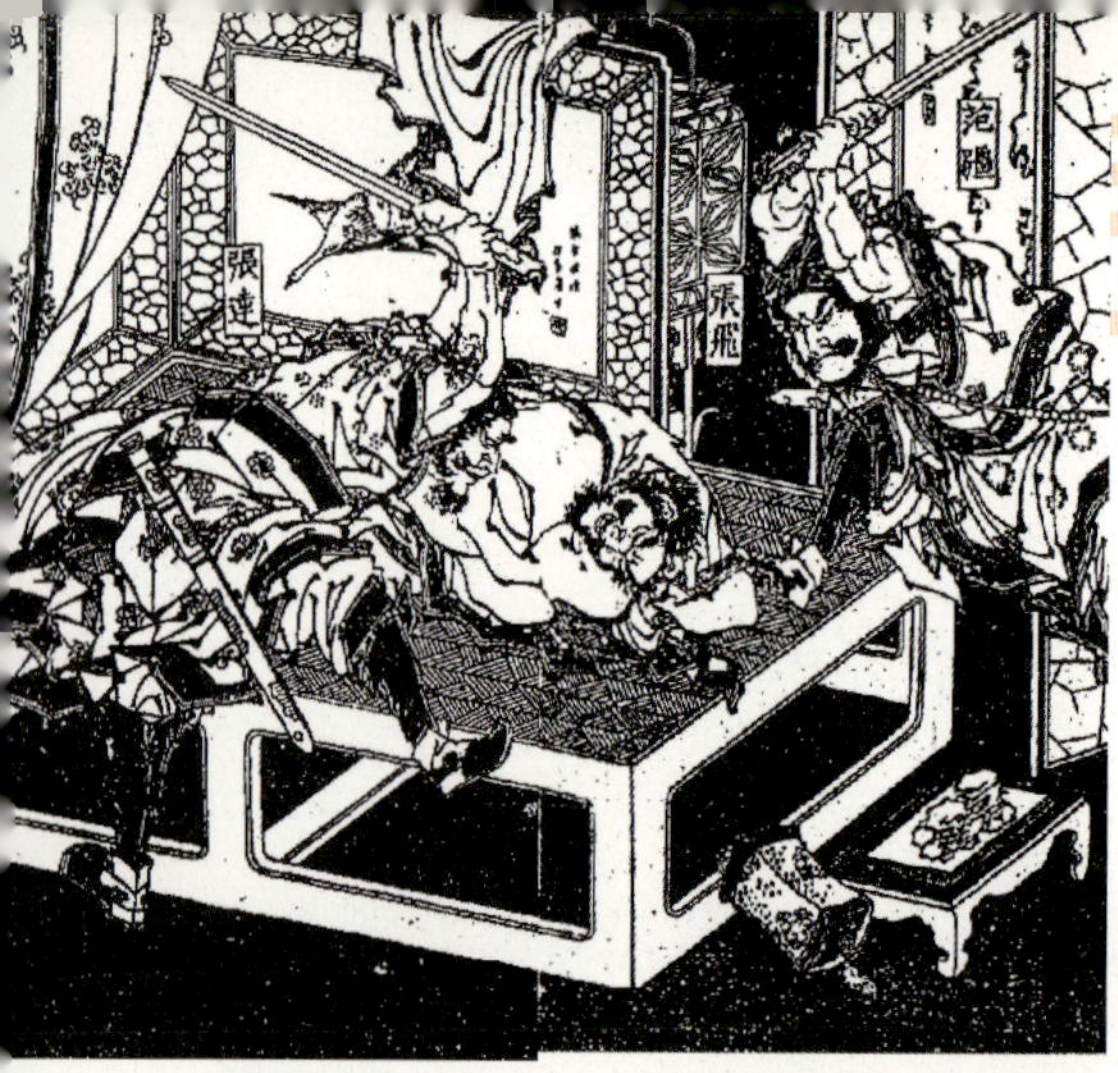

張飛は酔って寝ているところを張達（ちょうたつ）と范彊（はんきょう）によって惨殺された。

大合戦 第3位

関羽の復讐戦を企図した劉備の出陣も呉の智将に阻まれる結果に

夷陵《いりょう》の戦い

呉 陸遜軍 約15万 VS 蜀 劉備軍 約75万

合戦日：222年　主戦場：三峡　勝敗：陸遜軍の勝利
陸遜軍主要武将：朱然、潘璋、徐盛　劉備軍主要武将：黄権、馬良、呉班

突出し過ぎた劉備が陸遜の火計にあって敗退

長年の同盟関係にあった呉《ご》の侵攻により荊州《けいしゅう》を奪われ、義弟の関羽《かんう》を死なせてしまった劉備《りゅうび》は、「孫権《そんけん》討つべし」と、諸葛亮《しょかつりょう》の諫《いさ》めを振りきり4万の軍勢を率いて荊州へ出陣した。

出陣直前、関羽とともに義兄弟の契《ちぎり》を結んでいた張飛《ちょうひ》もまた、部下に惨殺されるという悲劇が劉備を襲う。桃園《とうえん》の誓いの三兄弟が独りになってしまった劉備は、関羽の復讐戦に固執し続けた。しかし、この出陣では軍師の諸葛亮や趙雲《ちょううん》、魏延《ぎえん》などの勇将は伴わず、劉備の指揮での出兵となった。

一方、呉では大都督《だいとく》だった呂蒙《りょもう》の死などで、軍部は混乱していた。そこで、諸葛亮の兄で呉に使えていた諸葛瑾《しょかつきん》を蜀《しょく》へ派遣して講和工作を行なったが、劉備はそれを受け入れない。仕方なく、孫権は迎え討つが、初戦では韓当《かんとう》などの軍が連敗。そこで孫権は当時は一書生に過ぎなかった陸遜《りくそん》を大都督に抜擢し、全権を委ねて前線へと派遣した。

両軍は荊州の夷陵《いりょう》付近で対峙していた。陸遜は着陣すると、「命令に反したものは斬る」とまで言い切り、攻勢をとらず持久戦を展開する。劉備が奸計を用いて誘い込もうとしても、伏兵を悟った陸遜は動かない。

長滞陣になると、劉備軍は士気が緩んできた。暑さをしのぐために山の裾に陣を張ったり、自軍を長江の南北に分けて、700里の長さに40もの陣営を張っていた。劉備軍の弛緩しているのを見て取った陸遜は、戦機が熟したのを察した。直ちに配下の韓当《かんとう》や周泰《しゅうたい》に命じて、火攻めによって劉備軍の陣営を攻撃させた。兵たちに硫黄や煙硝、藁束を持たせ、劉備軍の40の屯営を一つおきに燃やしていくことを指示。折しも、陸遜軍に有利となる東南の風が吹いていた。

本陣で戦機を読んでいた劉備は、すぐ隣の陣が炎上するのを見て、反撃しようとした。しかし、本陣に向かっておびただしい味方が逃げ込んでくる。すぐに劉備軍の崩壊は始まり、総崩れとなってしまう。

劉備は命の危険に晒《さら》されながら、救援に赴いてきた趙雲《ちょううん》に助けられ、かろうじて国境付近にある自軍の白帝《はくてい》城まで辿り着くことができた。

戦いの後、劉備は命を落とす

白帝城まで辿り着いた劉備は、敗戦の疲れと失意で病に伏せるようになる。成都まで戻ることができずそのまま白帝城に留まり、諸葛亮を呼び寄せて後事を託すこととなった。劉備は嫡子の劉禅《りゅうぜん》の能力に疑問を持っていて、諸葛亮に「劉禅が補佐するに足りなければ、君自らが帝位につけ」と言い遺したが、諸葛亮は固辞した。223年4月、ついに劉備は白帝城で崩御。劉備が蜀の皇帝となってわずか1年後、享年は63であった。

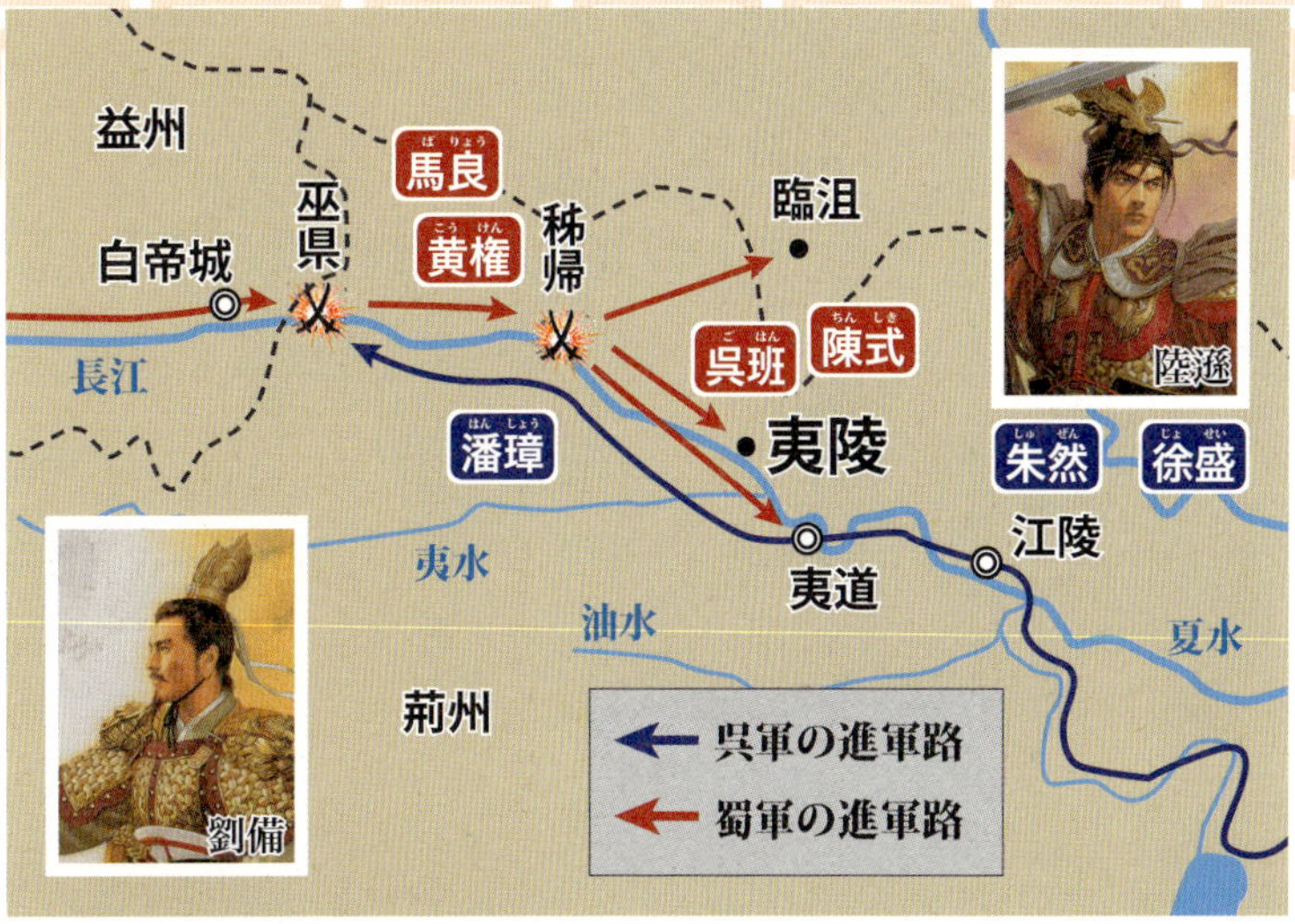

夷陵の戦いの行軍図

三国志演義には、追撃してきた陸遜が、白帝城の寸前にあらかじめ諸葛亮が仕掛けていた『石兵八陣』の計にかかり、石柱の迷路に迷い込んで追撃を諦めることとなったと記されている。

大合戦 第4位

長坂《ちょうはん》の戦い

曹操が勝利しながらも劉備を取り逃がす

曹操軍 10万以上 VS **劉備軍** 約3000

合戦日：208年10月　主戦場：長坂　勝敗：曹操軍の勝利
曹操軍主要武将：張郃、文聘、ほか多数
劉備軍主要武将：関羽、張飛、諸葛亮、趙雲、糜竺

❖ 長坂の戦いの行軍図

橋の上で仁王立ちになった張飛が曹操軍の追撃を絶つ

荊州《けいしゅう》の州牧《しゅうぼく》・劉表《りゅうひょう》から新野《しんや》を与えられ、対曹操《そうそう》の前線に置かれた劉備《りゅうび》だったが、その庇護者だった劉表が208年8月に死去。それを知った曹操は大軍を催して荊州攻略に乗り出した。新野は曹操の領地と国境を接していたため、劉備はたちまち危機にさらされることとなる。

そこで劉備は江陵《こうりょう》へと撤退を開始したが、掌握できた兵力はわずか3000ばかりだった。しかも、劉備を慕う領民が数十万人も劉備軍に同行し、緒戦から劉備軍は領民の安全を守らねばならない難しい戦いに臨むこととなる。そのため劉備は関羽《かんう》を先行させ、領民を舟で輸送する手配をさせた。

曹操の軍が劉備軍に追いついたのは、江陵《こうりょう》への途上の半ばにも満たない長坂《ちょうはん》だった。10万を越す大軍に対し張飛《ちょうひ》、趙雲《ちょううん》、糜竺《びじく》などが立ち向かうが、たちまちのうちに劉備軍は総崩れになる。劉備は連れ添った家族とも離れ、数人の側近に守られてかろうじて漢水《かんすい》の対岸まで逃げ延びた。

ここで『三国志演義』での名場面が始まる。撤退する劉備のそばに嫡子の阿斗《あと》（後の劉禅《りゅうぜん》）がいないことに気づ

橋の上で立ちはだかる張飛。その威圧に恐れた曹操は軍を引き、追撃を諦めてしまったと伝えられる。豪傑として語り継がれる張飛の生涯で、最も輝いた逸話となっている。

いた趙雲が、単身とって返した。曹操軍の中に飛び込み、阿修羅のように斬りまくりながら、ついに阿斗を発見。幼子を懐に抱き入れ、闘いながら漢水に架かる長坂橋まで辿り着く。

　その長坂橋には張飛が仁王立ちになり、曹操軍をにらみつけていた。趙雲が阿斗を抱かえて無事に橋を渡り終えると、張飛は、

「俺が張飛だっ。命のいらない奴だけ、かかってこい！」

　そう叫ぶと曹操軍の追撃はぴたっと止まり、張飛を恐れるあまり戦わずして崩壊。数ある張飛の武勇譚の中でもこの「長坂橋の一喝」はその最たるものといえよう。こうして、劉備は危機を脱して関羽の先行軍と再会。夏口《かこう》まで達して、態勢を整えることができた。

趙雲は戦場で劉備の妻子を発見、糜夫人は阿斗を趙雲に託すと井戸に身を投げたとされている。

大合戦 第5位

劉備との密約で北進した孫権だが智将・張遼の活躍で頓挫した

合肥《がっぴ》の戦い

呉 孫権軍 約10万 VS 魏 曹操軍 約7000

合戦日：215年　主戦場：合肥　勝敗：曹操軍の勝利
呉軍主要武将：甘寧、周泰、蔣欽、呂蒙、凌統　魏軍主要武将：張遼、楽進、李典

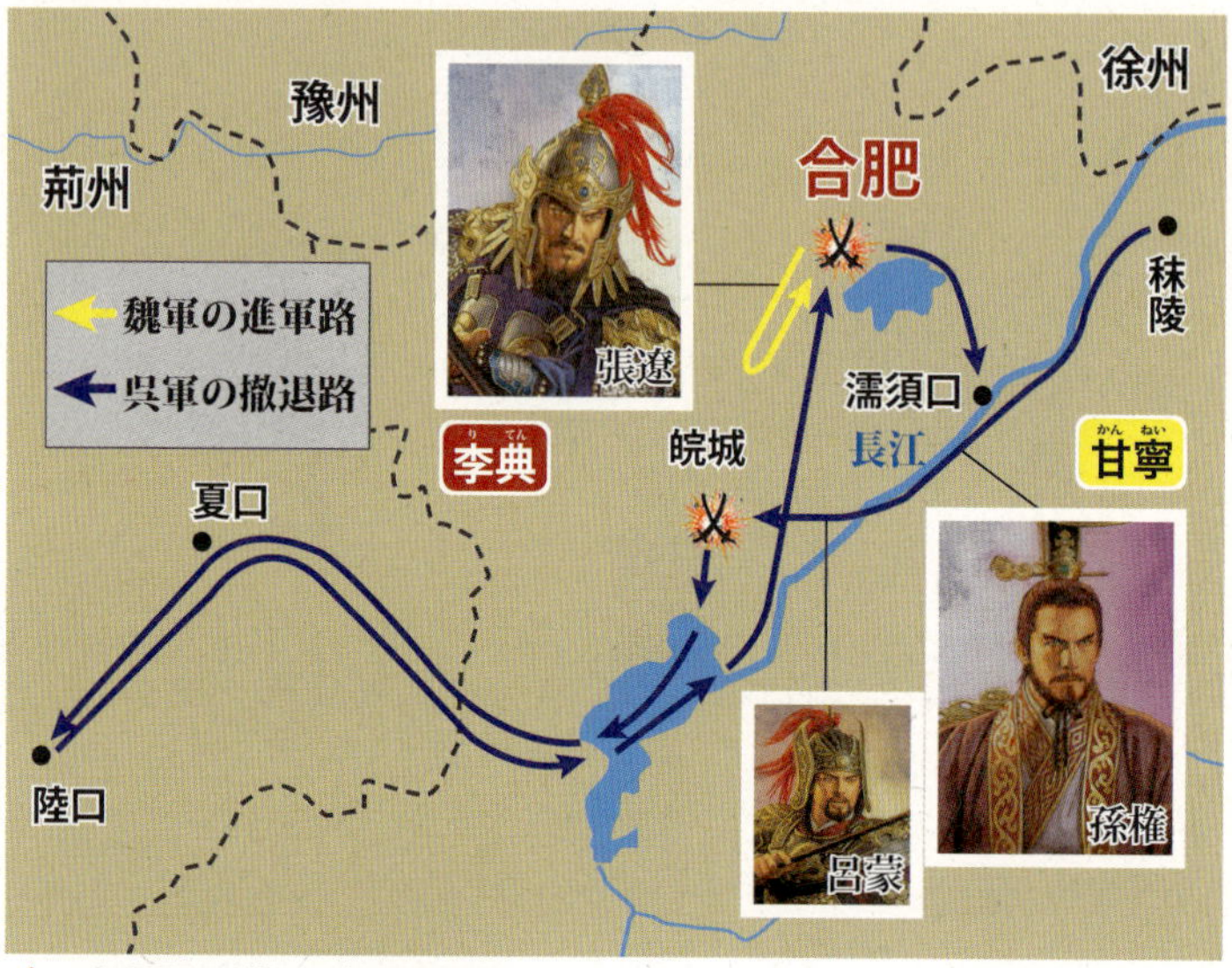

❖ 合肥の戦い行軍図

兄孫策に続き孫権もまた戦死寸前まで追い詰められた

漢中《かんちゅう》は蜀《しょく》が地盤とする益州《えきしゅう》の北端にあたり、魏《ぎ》と国境を接する重要な戦略的要地だった。この漢中には独立した太守・張魯《ちょうろ》がいて、蜀と魏の緩衝地帯の役割も果たしていた。その漢中に、曹操《そうそう》が大軍を発して侵略を開始したのは215年3月のことだった。

漢中を曹操に抑えられるのを懸念した蜀の劉備《りゅうび》は、諸葛亮《しょかつりょう》と対応を協議。諸葛亮は関係の悪化していた呉《ご》の孫権《そんけん》と和解して、曹操の後方へ出陣させることを献策。孫権がこだわっていた荊《けい》州《しゅう》の一部を呉に割譲することで、同盟を成立させた。

孫権はさっそく、大軍を発して北上を開始。前線の砦を落とし、戦略拠点である合肥城へ10万の軍勢で押し寄せようとした。

当時、合肥には守将の張遼《ちょうりょう》、李典《りてん》、楽進《がくしん》などの手兵7000しかいなかった。さらに李典と、張遼が不仲との評判も立っていた。しかし、そのことを危惧した曹操が手紙を送り、「もし孫権が攻め寄せたら、張遼と李典は出て戦い、楽進は城を守れ」と指示してきた。それでも李典と楽進が守勢に立とうとするので、張遼は、「私は、城を出て死ぬ覚悟で戦うぞ」と断言すると、李典と楽進も「貴公がそこまで言うのなら」と出撃を決断。ともに張遼の指揮下に入って戦うことを快諾した。

翌日、張遼の指示で楽進が中軍を進み、他の2将は伏兵となって潜伏。楽進の部隊が孫権軍の先鋒である甘寧《かんねい》と呂蒙《りょもう》の部隊と一当たりしただけで逃走すると、孫権軍は勢い立って追撃を開始した。先鋒が勝利したとの報せを受けた孫権も勢い込んで前進した。しし、孫権の本陣が逍遥津《しょうようしん》の橋を通過したところで、伏兵となっていた李典の兵が橋を破壊。それと同時に張遼の部隊が孫権の本陣に攻めかかった。

本陣は凌統《りょうとう》の部隊が警護していたが、わずか300くらいの兵力しかなかった。対する張遼は2000の兵で、矛

三国志演義では『権、俊馬に乗り津橋を越えて去るを得たり』と記されていて、孫権の命が助かったのは騎乗した馬が名馬だったからと記されているほどの、絶体絶命のピンチだった

現在の安徽(あんき)省合肥市にある逍遥津公園には、合肥の戦いで活躍した張遼の銅像がある

先鋭く攻めかかってくる。凌統が奮戦したが、張遼の勢いを止めることはできない。呉軍の大半が逍遥津の南岸にいて、北岸にいたのは本陣と凌統《りょうとう》、甘寧、呂蒙の部隊だけだったので、孫権は瞬く間に窮地に立たされる。

孫権は、ようやくのことで橋まで辿り着くが、すでに橋の一部が破壊されていた。孫権の馬は橋を渡れず立ちすくんでいると、付き従っていた谷利《こくり》が、「一度後退してから、勢いをつけて飛び越えられよ」といったので、孫権はついに橋を渡りここでも九死に一生を得ることとなる。

最後まで奮戦していた凌統の部隊は全滅したが、凌統は川に飛び込みかろうじて生還することができた。

大合戦

第6位

反董卓連合軍が呂布一人の活躍で攻めあぐねた

虎牢関《ころうかん》の戦い

反董卓連合軍 不明 VS 董卓軍 20万

合戦日：191年　主戦場：虎牢関　勝敗：反董卓連合軍の勝利
反董卓連合軍主要武将：劉備、関羽、張飛、袁紹、曹操
董卓軍主要武将：呂布

❖ 虎牢関の戦い布陣図

朝廷を専横する董卓討伐に天下の諸侯が連合した

後漢の第12代皇帝・霊帝《れいてい》の崩御による混乱に乗じて台頭した董卓《とうたく》は、朝廷を専横し恐怖政治をしこうとした。それに対し曹操《そうそう》が董卓討伐の旗を上げ、袁紹《えんしょう》、公孫瓚《こうそんさん》、孫堅《そんけん》、劉備《りゅうび》などが応じ汜水関《しすいかん》で董卓が派遣した軍を破った。

そこで危機を感じた董卓は、自ら20万の大軍で虎牢関まで進出し、連合軍と対峙した。孫堅や公孫瓚などが攻めかかるが、猛将・呂布《りょふ》の鬼神のような働きに撃退され、ついには中軍まで攻めこまれてしまう。連合軍の危機を救ったのは劉備以下の三兄弟だった。関羽《かんう》、張飛《ちょうひ》の2将が呂布を挟み撃ちし、劉備も戦いに加わったことにより、呂布も防戦一方に陥ってしまう。たまりかねた呂布は虎牢関に逃げ込み、董卓は守りを固めてしまった。連合軍は攻撃の手を緩めないが、虎牢関を抜くことはできない。

しかし、呂布が連合軍に敗れたことにより、董卓軍には厭戦《えんせん》気分がはびこる。配下の李儒《りじゅ》が、洛陽《らくよう》から長安《ちょうあん》へ遷都とすることを献策。董卓がそれに応じ、洛陽を焼き払って長安へ退却してしまう。その結果、虎牢関は連合軍の手に落ちることとなった。

圧倒的な大軍で洛陽を目指した袁紹、曹操などの連合軍だが、虎牢関で董卓軍に堰き止められてしまう。董卓軍には百人無双の呂布がいて、誰もその奮戦を止めることができなかったのだ。

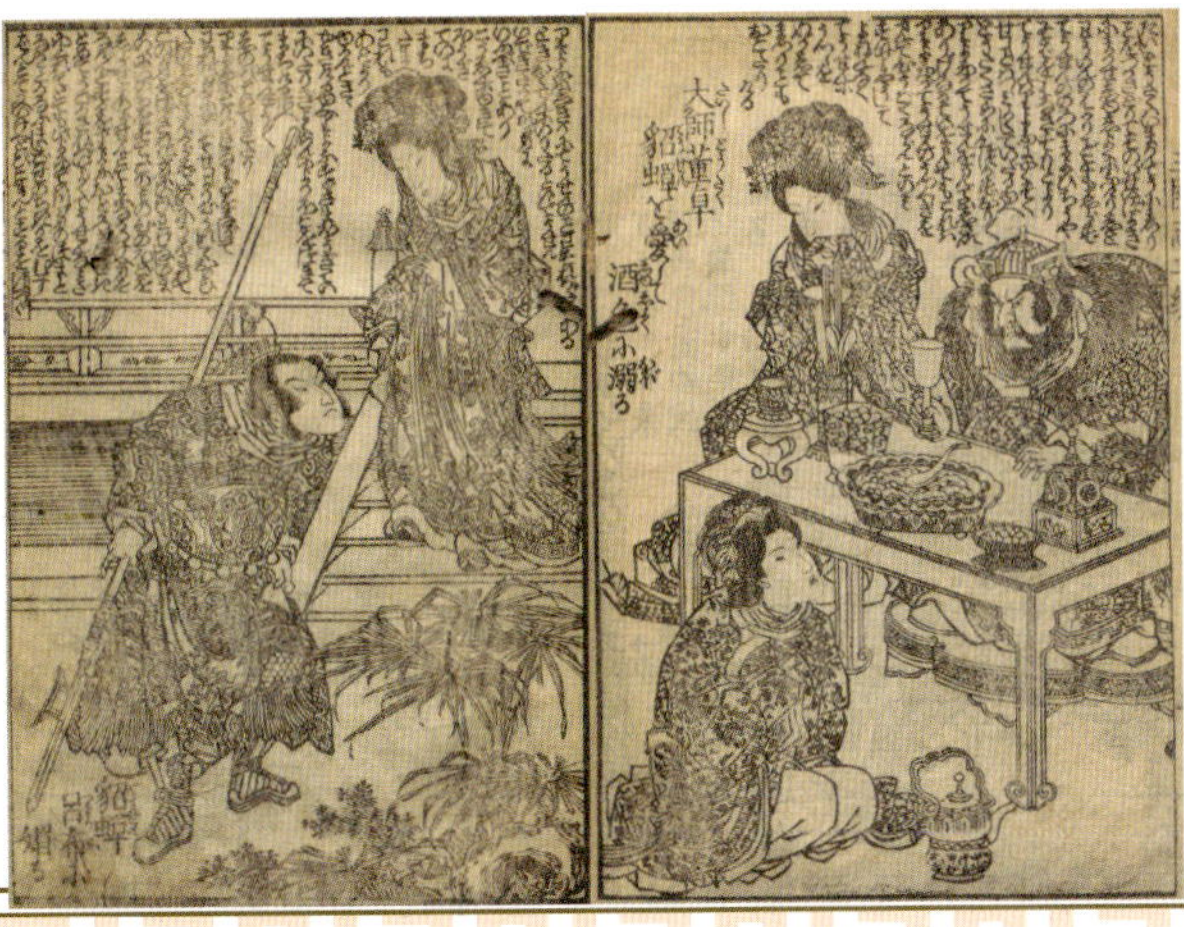

右が董卓と貂蝉、左が呂布と貂蝉。この2人を手玉に取った王允の策は、美女連環の計と呼ばれている。

美女・貂蝉をめぐる董卓と呂布の確執

董卓の暗殺を狙う王允《おういん》は、養女として可愛がっている貂蝉《ちょうせん》を使い董卓と呂布を仲違いさせた。絶世の美女だった貂蝉を、董卓と呂布に別々に紹介。呂布が貂蝉を欲するのを尻目に、董卓に与えてしまった。それを呂布に責められると、「董卓には逆らえません」と弁明。さらに、王允の内意を受けていた貂蝉は、董卓、呂布それぞれに、相手の悪口をふきこんで「助け」を求める。ついに、堪忍の緒が切れた呂布は王允に乗せられるがまま董卓を斬ってしまう。

曹操軍の水攻めにより、水没してしまった下邳城。剛勇を誇った呂布もなすすべもなく、城内は飢餓地獄となる。後に日本の戦国時代に羽柴秀吉が高松城の水攻めを行なった前例となる戦いだった。

大合戦 第7位

無敵だった呂布もついに最期の刻を迎えた

下邳《かひ》の戦い

曹操軍 5万以上 VS 呂布軍 約5万

合戦日：198年　主戦場：下邳　勝敗：曹操軍の勝利
曹操軍主要武将：郭嘉、夏候惇、荀攸、劉備、関羽、張飛
呂布軍主要武将：陳宮、張遼、高順

劉備を裏切り攻めかかってきた呂布を曹操が討つ

小沛《しょうはい》を中心に地盤を築き始めていた劉備《りゅうび》だったが、突如として同盟関係にあった呂布《りょふ》が攻めかかってきた。劉備が曹操《そうそう》と手を組んで、呂布の命を狙っていることがバレたのだ。

圧倒的な軍勢で攻め寄せる呂布軍の前に、劉備は存亡の危機に立たされたが、間もなく曹操の援軍が到来。劉備の救援には配下の夏侯惇《かこうとん》を向かわせ、自らは5万の軍勢を率いて呂布の本拠地である下邳《かひ》へと出撃した。さらに呂布軍からの内応もあり、拠点を切り崩していく。そこで呂布は下邳へと退却し、籠城の態勢をとった。

城から出て戦おうとしない呂布軍に、曹操の参謀・荀攸《じゅんゆう》が水攻めを提案。下邳が沂水《きすい》と泗水《しすい》に挟まれた低湿地にあったため両川から水を引き込んで、城を水没させてしまった。こうなっては呂布軍は城から打って出ることもできず、3ヶ月の籠城でついに内部から崩壊する。呂布配下の将軍・侯成《こうせい》が内応し、呂布が寝ている隙に縛り上げてしまった。悪化する戦況に錯乱した呂布は、理不尽な処罰を繰り返したりしたため、ついに部下に見限られたのた。こうして天下無双の豪勇を発揮することなく、呂布は斬られた。

❖ 捕縛される呂布

水攻めで窮地に陥りながらもなお傲慢に振るまった呂布。そのことで部下の反意を買い、ついに捕縛されてしまう。

大合戦

第8位

官渡《かんと》の戦い

ついに曹操が中華最大の勢力となった

曹操軍 約1万 VS 袁紹軍 約10万

合戦日：199〜200年　主戦場：官渡　勝敗：曹操軍の勝利
曹操軍主要武将：張遼、曹洪、賈詡、徐晃、荀攸、于禁
袁紹軍主要武将：沮授、顔良、文醜、張郃、劉備

大軍を擁していたが攻め急ぎすぎた袁紹が敗退

当時、華北地方の最大勢力だった袁《えん》紹《しょう》を討つため、曹操は許都《きょと》から出陣して袁紹の主力と正面から激突した。

前哨戦の「白馬・延津《えんしん》の戦い」では袁紹軍の猛将・顔良《がんりょう》と文醜《ぶんしゅう》を、曹操軍に参加していた関羽《かんう》が討つなど戦いを有利に進めたが、袁紹にはなおも10万を越える大軍があり、曹操軍の官渡城に攻勢をかけてくる。大軍で城を包囲すると袁紹は、城壁の高さに組んだ櫓から矢を放ち、地下道を掘って城内に侵入を試みたりと猛攻を展開。しかし、城の守りは固く長期戦になっていく。

戦況を変えたのは、袁紹からの降将・許攸《きょゆう》だった。彼からの情報で食糧基地が烏巣《うそう》にあることを知り曹操は出陣。袁紹軍になりすまして接近し相手の油断を突いて袁紹軍の本陣の後方にある烏巣を攻略した。さらに、袁紹軍の将軍・張郃《ちょうこう》、高覧《こうらん》などが曹操に投降するに及んで、ついに袁紹軍は総崩れとなってしまう。

その2年後、攻勢を続ける曹操軍の前に版図は蹂躙され、袁紹は失意のうちに死去。袁紹の領地を飲み込んだ曹操は、中華では最大の勢力へと成長していった。

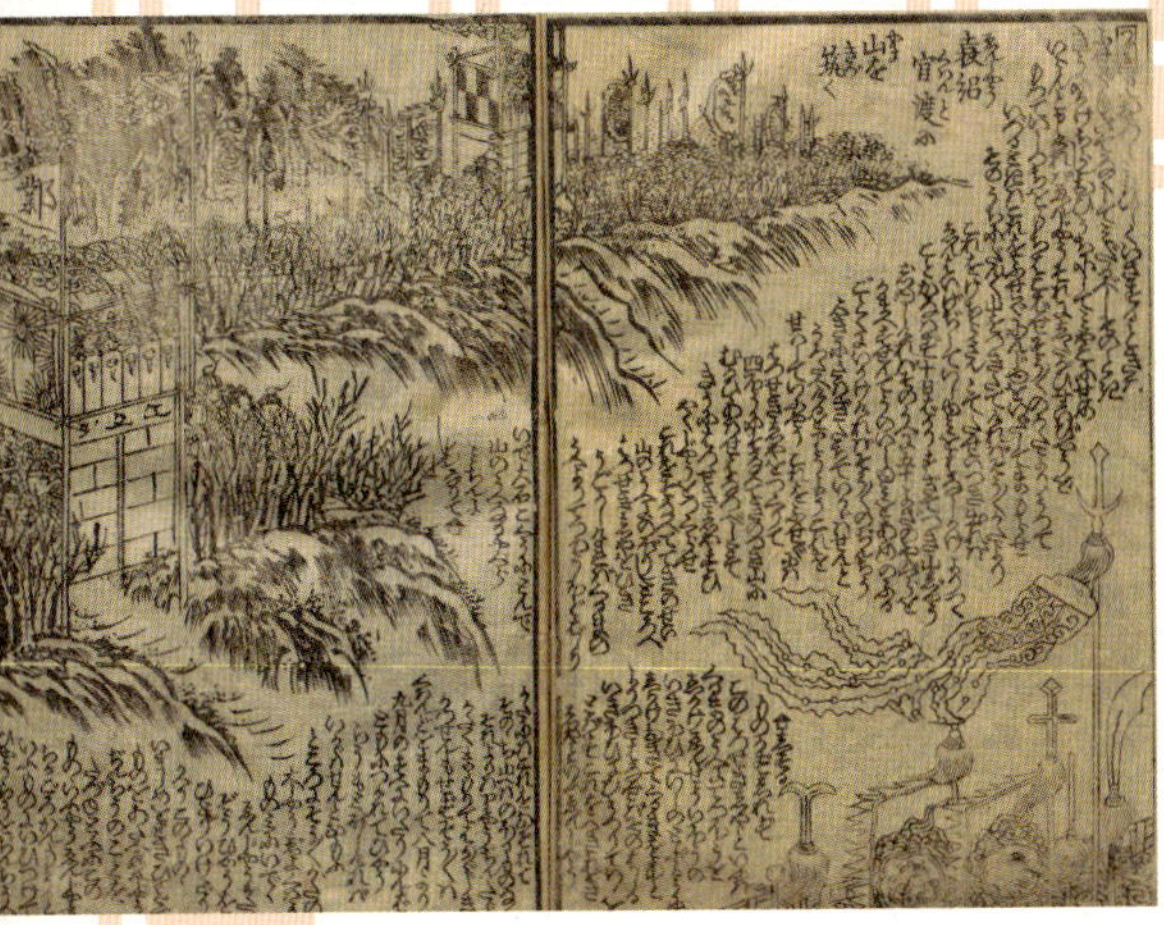

官渡の戦いは大規模な土木工事を伴う近代戦となった。そのため兵力に勝る袁紹有利となり曹操は追い込まれた。

大合戦

第9位

樊城《はんじょう》の戦い

関羽の最後の戦いは利あらず

関羽軍 不明 VS 曹操・孫権軍 約10万

合戦日：219年　主戦場：樊城　勝敗：曹操・孫権軍の勝利
劉備軍主要武将：関平、趙累、周倉、王甫
曹操・孫権軍主要武将：曹仁、龐徳、呂蒙、陸遜

劉備から荊州《けいしゅう》を託されていた関羽は、軍を催して北進を開始。曹操配下の曹《そう》仁《じん》が守る樊城を取り囲んだ。樊城は落城の危機に瀕したが、曹操は孫権《そんけん》に同盟を画策して関羽の背後を襲わせようとした。荊州に野心を燃やしていた孫権は曹操と同盟を結び、援軍を派遣。曹操も配下の徐晃《じょこう》に大軍を預けて樊城に向かわせた。

挟撃を受けた関羽は、まずは徐晃の軍と激突したが、兵たちの動揺を抑えることができない。ついに関羽軍は撤退したが、今度は孫権軍の待ち伏せに遭い総崩れ。撤退中に関羽は捕縛され、斬られてしまう。

徐晃と関羽

樊城の戦いで関羽と徐晃は、守将同士で刃を合わせて戦った。

大合戦

第10位

潼関《どうかん》の戦い

離間の計で難敵を破った曹操

曹操軍 不明 VS 馬超・韓遂軍 約10万

合戦日：211年　主戦場：潼関　勝敗：曹操軍の勝利
曹操軍主要武将：曹操、許褚、夏侯淵、徐晃
馬超・韓遂軍主要武将：馬超、韓遂、侯選、程銀

都に出仕していた父・馬騰《ばとう》が、曹操の手によって誅されたことを知らされた西涼の馬超《ばちょう》は、10万の大軍を催して曹操を討とうとした。曹操も大軍でこれを迎撃したが、緒戦では手痛い敗戦を喫してしまう。

馬超軍の戦意が高いのを察した曹操は、馬超の盟友・韓遂《かんすい》に目をつけた。人質交換や講和の話し合いに、曹操は韓遂を名指しで呼びつけ、韓遂ばかりを褒めそやす。偽の手紙を馬超軍に送り、韓遂に対する疑いを煽り立てる。ついに馬超は韓遂を見限り、単独で戦おうとしたところを曹操に挟撃され、馬超軍は撃破された。

馬超と許褚の一騎打ち

馬超と曹操軍の猛将・許褚との一騎打ちは三国志演義の名場面。

三国志に登場する驚きの計ランキング

三国志では色々な計が考案され、
戦いで実行されている。
その中には、絶対に実現は
不可能だろうと思われる計も多い。
そんな計のなかで
あなたのお気に入りは？

渡邉チェック

計ランキングの総括

第1位に、諸葛亮が行なった「空城の計」が入っているだけで私は満足ですね。空城の計は「趙雲別伝」に記載されている、曹操との戦いをモデルに創作されたものです。第2位の「氷城の計」は砂を凍らせるっていう非常に面白い戦い方ですね。よくこういう発想が浮かぶなって思います。第3位の「苦肉の計」は春秋時代の話などが基になった計で、三国志がオリジナルの話ではないのです。

城門の上にある楼に上がった諸葛亮は酒を飲み琴を奏でる。その余裕綽綽ぶりに司馬懿は城内に伏兵が潜んでいると思い込んでしまった。

計 第1位

空城の計

諸葛亮、司馬懿を見事に騙す

空城の計とは、兵法三十六計のひとつで、あえて自陣に敵を誘い込もうとすることで、逆に敵の警戒心を高めて攻勢を取らせない計略である。

三国志演義では諸葛亮《しょかつりょう》が司馬懿《しばい》に第一次北伐で仕掛けた計略がそれに当たる。馬謖《ばしょく》が諸葛亮の命を聞かず、張郃《ちょうこう》率いる魏《ぎ》軍に大敗し、司馬懿の軍勢が西城に迫る。西城の兵力は司馬懿軍に比べ圧倒的に劣るため、窮余の一策として空城の計を用いた。

城内を掃き清めて四面の城門を開き、司馬懿軍が西城に迫ると諸葛亮は城楼に上って酒を酌み、静かに琴をかき鳴らした。その態度や状況を見て、司馬懿は伏兵あると考え退却。だがその後、司馬懿は空城の計にかかったと思い直し、再び攻め寄せるが、すでに趙雲《ちょううん》の援軍がおり、また戦わずして退いた。

この空城の計、正史では漢中争奪戦の際に、超雲が曹操《そうそう》軍に仕掛けたと記されている。他にも魏《ぎ》の文聘《ぶんちょう》も行なっている。空城の計は、攻める将の計略能力が高いほど警戒心を起こさせる、心理戦だといえるだろう。

一夜にして氷城が築かれたことに馬超は驚く。軍勢を攻め寄せて曹操軍を攻めるが、攻略することはできなかった。

計 第2位

氷城の計

三国志版一夜城

第2位には、荒唐無稽と思われる「氷城の計」がランクインした。

西涼《せいりょう》で策動する馬超《ばちょう》を討伐するため、曹操は軍を率い、潼関《どうかん》の東方で対陣した。しかし、戦いは一進一退のまま推移し、初冬を迎える。曹操の兵は厳しい寒さに耐えられず、このまま野陣を続けていれば自滅し、遠征は失敗に終わることが予測された。対策を練る曹操の陣に婁子伯《ろうしはく》という道士が来て、川の砂で土塁を築き、そこに水をかければ一夜にして凍り、堅固な城になるという「氷城の計」を授けた。

曹操はすぐさま兵を動員し、川の砂を運び込み、塁壁を築いて水をかけると、道士の進言通りに一夜にして凍り、氷の城郭となったという。その後、曹操は氷城を拠点にして戦いに臨み、馬超軍を打ち負かした。

この計は歴史書にも記載があるが、しかし潼関は現在でいう陝西《せんせい》省渭南《いなん》市で、この戦いのあった9月の平均気温は夜間で10度。これでは氷城は絶対に築けない。当時の歴史家からも、記載の真偽を疑問視されていた。

計 第3位

苦肉の計

敵を欺くにはまず味方から

苦しまぎれに考え出した手立てのことを「苦肉《くにく》の策」というが、この語源となったとされるのが、赤壁《せきへき》の戦いで取られた偽降計「苦肉の計」である。

赤壁で魏と呉《ご》・蜀《しょく》連合軍が対峙していたとき、呉の総大将である周瑜《しゅうゆ》が、老将・黄蓋《こうがい》の無能ぶりを罵倒し杖打ちの刑に処した。孫家三代に仕えた宿老への苛烈な計に周囲は眉をひそめた。

周瑜に恥辱を与えられた黄蓋は、参謀の闞沢《かんたく》を使者に、曹操に投降を申し入れる。曹操はこの投降の報せを聞いて、手を叩いて喜んだという

しかし、これは周瑜と黄蓋が密かに示し合わせた計略だった。黄蓋は投降する振りをして曹操の船団に舟で近づき、その舟に火をつけ、魏の軍船に突入させ、船団を大炎上させたのだ。

杖打ちの刑に処される黄蓋。「肉体を苦しめる」ことから苦肉の計という。

三国志に登場する最強の兵器はこれだ！

革新的な兵器ランキング

敵対勢力からの侵攻を防ぐ手段として、中国では古くから都市や街の四周を高い壁で囲みこむことが行なわれていた。そのため侵略側はその高い壁を乗り越えることが必須で、日本では考えられない兵器が発達した。

平野が広がる中国では城塞都市が発達していた

古代中国の都市は、平野部に築かれていたため、敵が市街に侵入しないように周囲に高い城壁を築いていた。三国時代の城壁は、2列に並べた柱の間に2枚の石板を平行に置き固定し、石板の間に土を入れ突き固めて作る「版築」と呼ばれる技法で作られた。

例えば、完全に保存されている世界最大の古代城壁として知られる西安古城壁は、周囲1万3740メートル、高さ12メートル、底幅18メートル、頂部幅15メートルという。

こうした巨大で堅牢な城壁を攻めるには城門や城壁を壊し、進入路を確保する必要があった。そのために軍師は知恵を絞り様々な攻城兵器を編み出している。

三国志の中に登場する攻城兵器の代表的なものとしては、周囲が皮で覆われた移動式の高櫓《かたやぐら》「衝車《しょうしゃ》」、車体に巨大な折りたたみ式のはしごを備え付けた「雲梯《うんてい》」、周囲と屋根に皮製の防矢幕を取りつけた人員輸送車である「轒《ふん》轀《おん》車」、移動式の投石機である「発石《はっせき》車」等があった。

また射程・威力が弓より格段に勝る弩《いしゆみ》も中国の戦では使用されている（日本にも輸入されたが、平安時代末期には廃れている）。弩の弱点である連射性を高める工夫がされたのが「連弩《れんど》」である。

こうした攻城兵器は、古代中国だけでなく西洋にも数多く見られるが、これは西洋にも居住区をまるごと囲む城塞都市が多くあったためだ。一方、平野部が少なく、防衛拠点として山を利用することが多かった日本の城とはまったく戦略的発想が異なっていた。そのため、三国志の時代から約1400年も後の戦国時代になりようやく、雲梯と同じような構造の行天橋《ぎょうてんばし》や移動式の櫓・釣井櫓《つりせいろう》が合戦で使用されるようになった。

兵器 第2位 発石車

投石機に車輪を付けて可動式にした兵器。てこの原理を応用し石を投げ、城門や城壁を破壊する。

兵器 第1位 連弩

連射式の弩。一度に複数の弓を射るのか、連続して発射できる仕組みなのか、はっきりとはわからない。

雲梯や発石車を使った攻城戦。攻め手は発石車を用い攻撃を加えながら雲梯を使って城壁を乗り越えようとするが、対する守り手は城壁の上から弓矢や投石、熱湯などで応戦する。

渡邉チェック

兵器ランキングの総括

第1位の連弩は、諸葛亮が改良した兵器だと「魏《ぎ》氏《し》春秋《しゅんじゅう》」に書いてあります。ただ10本の矢を一度に飛ばすのは現在でも無理なので、三国志演義の記述は創作でしょう。第2位の発石車は、演義では曹操の参謀の劉曄《りゅうよう》が発明したことになっています。正史では霹靂《へきれき》車と呼んで恐れていたとの記述が残っているので、当時は一番革新的な攻城兵器だったようです。

兵器 第3位

雲梯

「梯《てい》」ははしごのこと。折り畳み式の大型はしごを城壁に架け渡し、頂部に攻め入る。

あなたの心を揺さぶった

忘れ難い名場面ランキング

三国志には登場人物を
より魅力的にみせてくれる名場面が数多くある。
その内容から故事成語の元となった名場面も少なくない。

名場面 第1位

三顧の礼

礼を尽くし諸葛亮を迎える

太公望と文王の故事に倣い諸葛亮に礼を尽くした劉備

三顧《さんこ》の礼が、名場面ランキングの1位に選ばれたのは、順当な選出だろう。

老母に尽くすため魏《ぎ》へ移った徐庶《じょしょ》は、その去り際に伏龍と呼ばれる大賢人・諸葛亮《しょかつりょう》を迎え入れることを進言した。

諸葛亮が庵を結んでいる隆中《りゅうちゅう》は同じ荊州《けいしゅう》にあり、劉備《りゅうび》の在する新野《しんや》からは約11キロ。劉備は関羽《かんう》と張飛《ちょうひ》を伴い、諸葛亮に出仕を求めて出向いたが、一度目は留守のため面会が叶わず、諸葛亮が在宅しているという情報を得て雪降る中を強行して訪れた2度目も、すれ違いで会えなかった。

3度目にして在宅中に訪れることができたが、あいにく諸葛亮は昼寝の真っ最中。劉備は諸葛亮が昼寝から醒めるまで待ち、ようやく面談。天下国家を憂いていることを諸葛亮に語り、幕下に入ってもらうこととなった。

3度訪れたことから「三顧の礼」として慣用句になっているこの逸話。日本人には「得難い人物を求めるためには、労を惜しまない」と捉えられているが、中国では劉備の徳の高さを讃える逸話と捉えている。

それでも、「三顧の礼」は、在野の賢人を招くには最高クラスの礼である。当時、まだ無名無官だった諸葛亮に対しては、明らかに過剰な礼であるが、それだけ劉備の必死な想いを表現しているといえるだろう。

渡邉チェック

名場面ランキングの総括

第1位は三顧の礼ですか。これは納得です。第2位が桃園の誓いですか。桃園で3人が義兄弟の誓いをかわすのですが、これは演義が書かれていた時代、元末《げんまつ》の頃の秘密結社の作法がもとになった創作です。第3位は典章の最期ですか？　典章の最期を「立ち往生」とするのは、吉川英治が弁慶にヒントを得て書いたもので、三国志には記述がなく、日本人だけしか知らない話なのです。

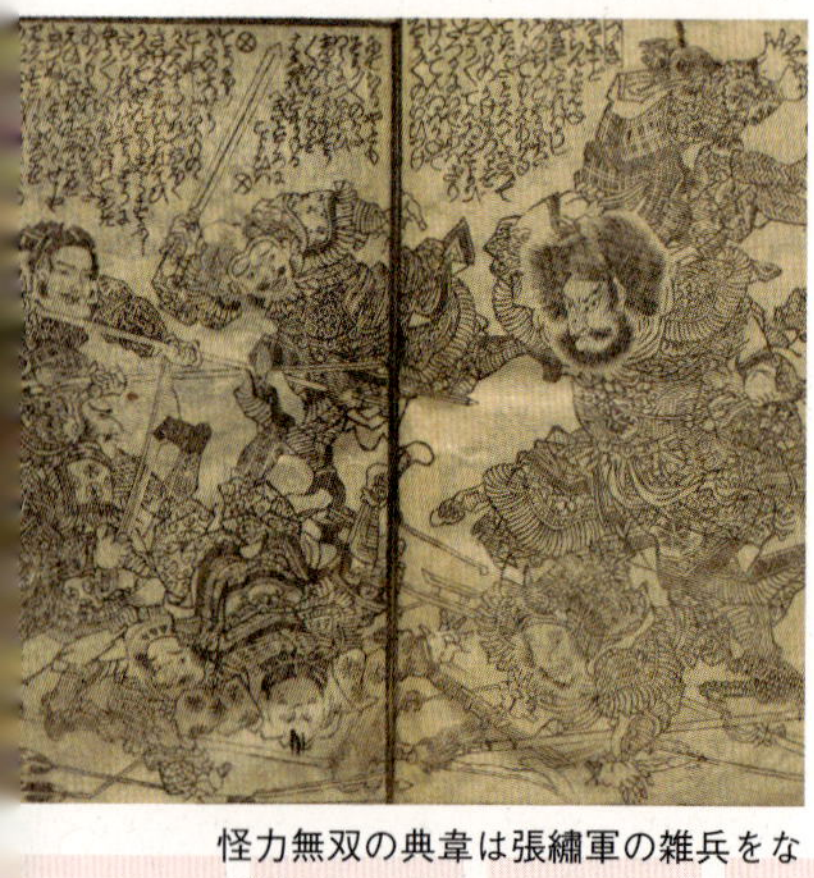

怪力無双の典韋は張繍軍の雑兵をなぎ倒したが最後に力尽きた

名場面 第3位

典韋の最期

固い節義と侠気の男の壮絶な最期

典韋《てんい》は曹操《そうそう》に従い、その窮地を救ってきた。腕力に優れ、「帳下《ちょうか》（親衛隊）の壮士に典君あり。80斤《きん》（約48キロ）の双戟《そうげき》を軽々とあやつる」と賞賛されていた。

197年、曹操は荊州の将・張繍《ちょうしゅう》を攻めて降伏させたが、曹操が張繍の叔父である張済《ちょうせい》の未亡人・鄒氏《すうし》を側妾にしたことで、張繍は恨み曹操を暗殺せんと謀った。

曹操の陣が張繍軍に攻め込まれると典韋は、双戟を奪われながらも必死で防戦、雑兵2人を双戟代わりに多くの兵を切り伏せたが、多勢に無勢。遂には絶命したが、敵は典韋を恐れ彼が死んでもしばらく近寄ろうとしなかった。典韋の奮戦に一命をとりとめた曹操は、その後も典韋の功績を讃えた。

名場面

第2位

三英雄が堅く結びついた契の儀式

桃園の誓い

後漢末、黄巾《こうきん》の乱が発生し世は麻のごとく乱れた。幽州《ゆうしゅう》の涿郡《たくぐん》に住む劉備は、天下国家を憂いていた。そうしたなか街に立てられた義勇兵募集の立て札の前で嘆息したところ、張飛と出会う。張飛に誘われて入った居酒屋で関羽と出会い、3人は意気投合。義兄弟の契《ちぎ》りを交わすこととなった。

3人は楼桑《ろうそう》村にある劉備の家に向かうと村の名所である桃園で宴会を開き、義兄弟の契りを交わす。

「劉備、関羽、張飛は、姓は違うが兄弟の契りを結んだからは、心を同じくして助け合い、窮する者を救わん。上は国家に報い、下は民を安んずることを誓う。同年、同月、同日に生まれることは得ずとも、願わくば同年、同月、同日に死せんことを」

その後、3人は黄巾賊討伐に活躍。各地の豪族の間を転々としながら力をつけ、ついには蜀を興すこととなる。

この逸話は、咲き誇る桃園で神明に誓ったことから「桃園の誓い」と呼ばれるようになる。三国志屈指の名場面のひとつだが、残念ながら三顧の礼に僅差で敗れた。

ただ、この3人が出会ったことで、後に魏・呉《ご》・蜀《しょく》の三国時代に突入していくことになるのだ。

桃園で宴会を開き、義兄弟の契りを交わす名場面を描いた錦絵

一生の座右の銘にしたい

胸に残る名言ランキング

中国の史書には、
現在も日常的に使われる
故事成語が数多くある。
三国志においても様々な
故事成語や名言が散見される。
ここではそうした名言の
ランキング５位までを
紹介していこう。

名言 第1位

泣いて馬謖を斬る

この名言は、「私情においては忍びないが、綱紀を粛正するためにたとえ愛する者でもやむを得ず処罰すること」のたとえとして現在でも使われる。魏《ぎ》への北伐を決意した諸葛亮《しょかつりょう》は、進軍拠点となる街亭の守備を馬謖《ばしょく》に命じた。しかし馬謖は諸葛亮の命に背いて己の判断で陣を築いてしまったことから、蜀《しょく》軍は大敗してしまう。

戦後、「馬謖ほどの有能な将を」と馬謖の能力を惜しむ意見もあったが、軍律を守るため諸葛亮は馬謖を斬殺したのだった。

諸葛亮は涙を流した理由を問われると「己の不明を嘆いた」と答えたとされているが、正史では目をかけていた馬謖を切り捨てたものの忍びないと思い泣いたと記述されている。

名言 第2位

死せる孔明、生ける仲達を走らす

語感の良さは、三国志の名言のなかでもピカイチだ。原文は「死せる諸葛、生ける仲達《ちゅうたつ》を走らす」だが、日本語では孔明の方が語呂がいい。

五丈原《ごじょうげん》の戦いの最中、諸葛亮が病死。星を観てその死を知った司馬懿《しばい》（仲達）は蜀軍を攻めるが、自分の死を予測した諸葛亮は木像を造らせ、これを身代わりとして魏軍の前に見せつけた。

諸葛亮が生きていたと勘違いした司馬懿は慌てて、軍を退いたという故事から来ている。

名言 第3位

蒼天すでに死せり 黄天まさに立つべし

黄巾《こうきん》の乱を起こした張角《ちょうかく》が打倒漢王朝のスローガンとして掲げた一文が、3位に入った。蒼天《そうてん》とは青空のことだが、儒教、ひいてはそれを奉ずる漢王朝を指す。つまり、「漢王朝は既に死に体となっている。黄巾が漢に代わるため立ち上がる時だ」と人々を扇動したのだ。現在の政治家たちもこれぐらい良い言葉を使ってほしいものだ。

名言 第4位

大事を済《な》すには必ず人を以て本となす

劉備《りゅうび》が荊州《けいしゅう》から交州《こうしゅう》へ落ち延びようとした際、劉備を慕った多くの人々も付いてきた。ある部下が足手まといだと言うと、劉備が答えたのがこの名言。劉備の君主としての考え方をこれほど現している言葉もないだろう。

名言 第5位

短を以て敗を取るは理数の常なり

正史の編者である陳寿《ちんじゅ》が残した。意味は「短所が原因で身を亡ぼすのは世の常である」で、陳寿が関羽《かんう》と張飛《ちょうひ》についた述べた言葉だ。関羽は自尊心の高さ、張飛は粗暴さが原因で命を落としたことを批評しているのだ。

渡邉チェック

好きな名言ランキング

第１位は、「泣いて馬謖を斬る」ですか。ただこの言葉の腹立たしいのは、日本では、部下のクビを切るときに誤用されていることですね。ここで言わなければいけないのは、諸葛亮自身も降格していることが重要で、部下を切るときの言い訳ではないってことは強く言いたいですね。諸葛亮自らも、ちゃんと罰せられているわけです。

第２位は、「死せる孔明、生ける仲達を走らす」ですね。これは、日本語では「死せる孔明」ですが、原文では「諸葛」なんです。実は、諸葛と仲達で韻を踏んでいるのです。ただ諸葛は姓で仲達は字《あざな》なので、バランスをとるために日本では両方とも字にしているんですが、これでは韻が踏めてないんです。韻を踏むのがなぜ大切かというと、込み入った話になるので、ここでは諸葛亮は「スゴイ」ってことで、よいのではないでしょうか。

第４位の、「大事を済すには必ず人を以て本となす」は正史に出てくる、あまり有名ではない言葉なのですが……劉備を代表する言葉で、人の情と言うものを根本に置いておく生き方を象徴するものなのですね。

才に溺れ大敗を喫した馬謖は
惜しまれつつも首を打たれた

第三章

三国志なんでも白眉ランキング

総合ランキングの評価とは別に、三国志ファン目線で選んでもらった王道の「豪傑」や「忠臣」ランキングからちょっと変わった「女好き」「狡賢い男」ランキングまで。

白眉ランキング BEST3

❶三国志最強の豪傑 …… ➡P66
第1位 呂布　第2位 太史慈　第3位 張飛

❷三国志最強の忠臣 …… ➡P68
第1位 夏侯惇　第2位 諸葛亮　第3位 周瑜

❸三国志一の美女 …… ➡P70
第1位 貂蟬　第2位 鄒氏　第3位 孫向香

❹三国志一の名コンビ …… ➡P72
第1位 郭嘉と荀彧　第2位 孫策と周瑜　第3位 曹操と夏侯惇

❺死に様が見事なのは誰だ！ …… ➡P74
第1位 典韋　第2位 陳宮　第3位 諸葛亮

❻三国志一の梟雄 …… ➡P76
第1位 曹操　第2位 法正　第3位 馬超

❼右腕にしたい漢は誰だ！ …… ➡P78
第1位 諸葛亮　第2位 関羽　第3位 周瑜

❽男勝りの女傑 …… ➡P80
第1位 孫尚香　第2位 何皇后　第3位 祝融夫人

❾三国志一の狡賢い男は誰だ！ …… ➡P82
第1位 賈詡　第2位 張魯　第3位 孟達

❿女好きナンバーワン …… ➡P83
第1位 董卓　第2位 曹操　第3位 曹丕

⓫力だけの脳筋王 …… ➡P84
第1位 張飛　第2位 呂布

⓬上司にしたい英傑 …… ➡P85
第1位 司馬懿　第2位 呂蒙　第3位 曹操

本章では「三国志最強の豪傑」から「上司にしたい英傑」まで、総合ランキングの部門別では評価されることのない、12項目のランキングを作ってみた。

採点方法は、総合ランキングと同じ三国志愛あふれる男女75人に、ランキングごとに「この人」と思う人物をひとりだけ選んでもらい集計。上位3人を並べてみた。その結果、好き嫌いはあるにせよ、おおむね順当なランキングといえるだろう。

ただ、「女好きナンバーワン」ランキングでは1位の董卓《とうたく》は別格として、2位3位に曹操《そうそう》、曹丕《そうひ》が親子で入賞したのは笑ってしまう。

また、「力だけの脳筋王」ランキングは、68票を独占した張飛《ちょうひ》のひとり勝ち。7票を集めた2位の呂布《りょふ》と圧倒的大差だった。そのため、ランキングインしたのはこのふたりだけという結果になってしまった。

三国志一の豪傑
猛将・呂布と名馬・赤兎馬

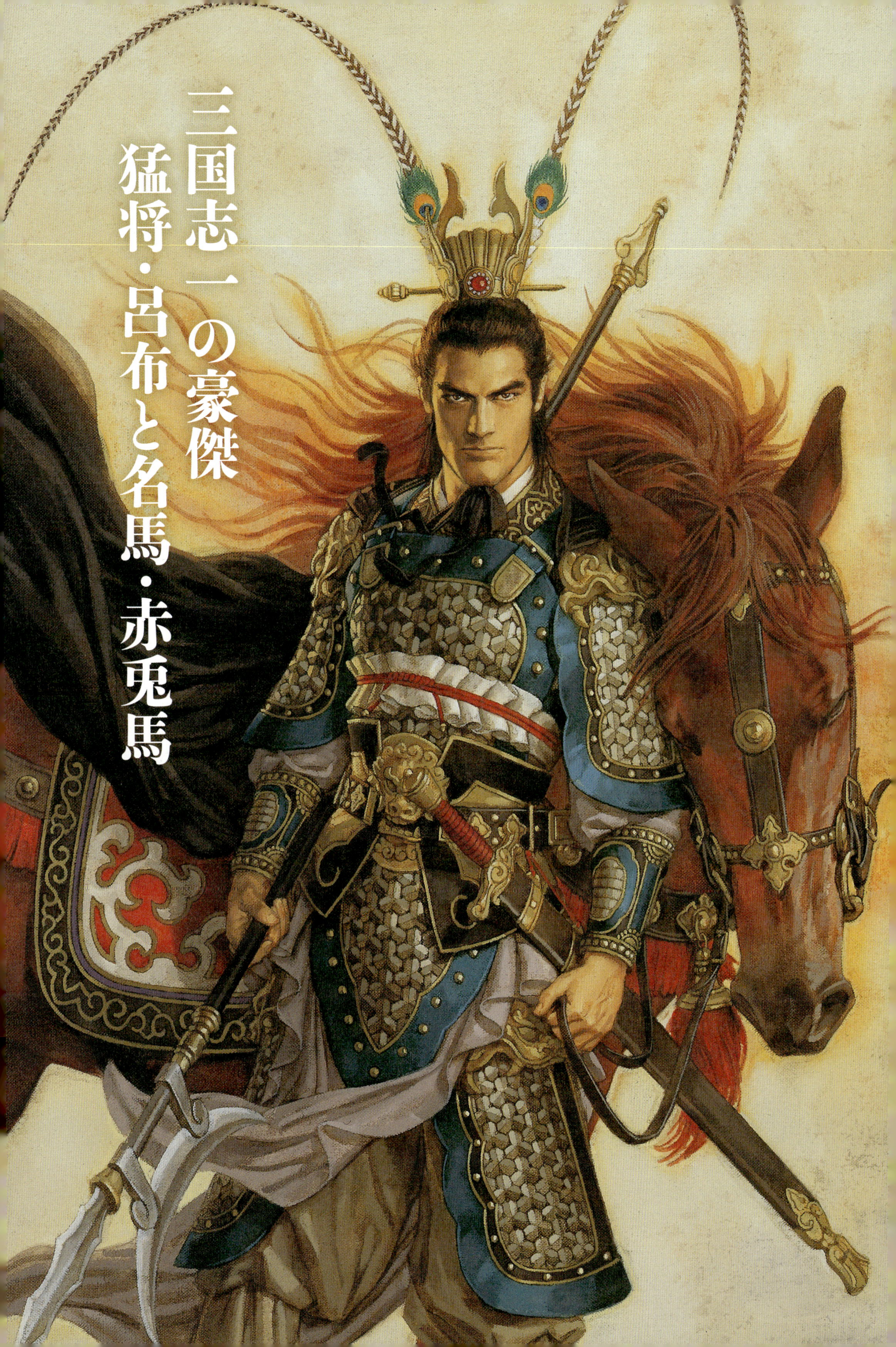

三国志 白眉ランキング❶

三国志最強の豪傑

三国志に登場する数多の英傑たちのなかで、
豪傑と呼ばれるに相応しい武威に優れた武将をランキング。
その豪傑ぶりを示す逸話とともに紹介していこう。

豪傑 第1位

呂《りょ》布《ふ》

抜群の武力を持つが人格は……

武勇に優れた最強戦士も裏切りが名を落とす

豪傑ランキング1位は、予想通り呂布となった。中国では豪傑といえば、史記で有名な項羽《こうう》とともに並び称されるほどで、一騎当千、天下無双などなど、豪傑を形容する熟語を体現しているかのような漢《おとこ》である。

呂布は正史に、弓術と馬術に優れ、抜群の腕力の持ち主であったため「飛将」と呼ばれたと記述されている。弓の達人であった前漢の名将・李広《りこう》が、敵対する匈奴《きょうど》から「飛将軍」と呼ばれ怖れられていたが、呂布はその李広に比すると考えられたのだ。その弓の腕前は、はるか遠くの戟《げき》の小枝を射抜くほどの正確さと威力を持っていた。

体術にも優れていて、キレた董卓《とうたく》が呂布に手戟を投げつけたことがあったが、これをなんなくよけている。当時、功夫《クンフー》（中国武術）などなかったろうから、独学で体術を会得したと思われる。武芸の天才だったのだろう。

戦場でも呂布の武威は、敵味方にかかわらず知られていた。袁術《えんじゅつ》の武将・紀霊《きれい》は3万の兵で攻めてきたが、呂布がわずか1200の兵で出陣すると、とたんに日和ってしまった。さらに元黄巾《こうきん》賊の張燕《ちょうえん》との戦いでは、張燕軍1万数千に対し、呂布は成廉《せいれん》や魏越《ぎえつ》ら数十騎を率いて突撃。1日に3度4度の攻撃を加えること十余日で、張燕軍を壊滅させた。以上は、フィクションではなくすべて歴史書の記録である。

このように個人的な武勇は三国志に登場する豪傑たちのなかでもひときわ抜きん出ている呂布だが、人々から憧憬をもって敬われる英雄の資質はなかった。正史の作者・陳寿《ちんじゅ》は「吠え猛る虎の如き勇猛さを持ちながらも、英雄の才なく、軽佻《けいちょう》にして狡猾、裏切りを繰り返し、眼中にあるのは利益だけだった」と酷評している。

column

豪傑の条件

豪傑は、飛び抜けた武力を持つことがまず第一条件だろう。力でも技でもなにかしらが他人より秀でているだけでなく、一騎討ちをして敵将を倒すことで、戦況を一変させる力の持ち主であることも豪傑の条件だ。

また性格面でも小人には及びもつかないトンデモない言動があることも必要。武力に優れているが、常識的な判断をする趙雲《ちょううん》のような武将は、豪傑というより英傑と表現される。

とはいえ、豪傑といっても中国と日本では、特に性格面を比べると、中国の豪傑のぶっ飛び具合は著しい。人権などという概念がなく、人の命が羽毛よりも軽い時代であったとはいえ、中国の豪傑たちは些細な理由で簡単に人を殺しすぎる。

更に酒癖が悪かったり、女癖が悪かったり、欲望に忠実すぎるなど、部下として扱いづらいし、上司となれば心の落ち着く暇もない。中国の豪傑たちの行ないは、遠くから見ていればまだ楽しめるが、近づいたり親しくしたくないレベルの性格破綻者が多すぎると思えてしまうのだ。物語の中であるがゆえ、豪傑たちは愛される存在なのかもしれない。

豪傑

第2位

太史慈《たいしじ》

義に厚い弓の名手

太史慈が並み居る豪傑たちを押さえて2位となる、驚きの結果となった。太史慈といえば、敵中突破の名手という印象がある。

恩ある孔融《こうゆう》が黄巾賊に囲まれると、包囲網をかいくぐり孔融の軍営に参入しただけでなく、援軍を求めるため再び包囲網を突破。見事援軍を引き連れて戻り、孔融の危機を救っている。

また劉繇《りゅうよう》のところに身を寄せていたとき、孫策《そんさく》が攻めてきた。太史慈は単騎で偵察に出たところ、韓当《かんとう》、黄蓋《こうがい》などの猛者を従えた孫策と出くわしてしまう。太史慈は躊躇《ちゅうちょ》することなく孫策と矛を交え、引き分けている。

これが縁で、後に太史慈は呉《ご》の武将となる。孫権《そんけん》から信頼され、太史慈もこれに応え、有力武将となった。

太史慈は弓の名手としても知られた。孫策とともに山賊退治に向かった際、砦の上にいた木を持っていた山賊の手を狙って弓で射たところ、摑んでいた木ともども山賊の手を貫いたという逸話もある。

豪傑

第3位

張飛《ちょうひ》

豪傑という言葉を体現

豪傑を豪快な傑物の略とするなら、張飛ほど豪傑という呼び名が相応しい人物もそうはいまい。3位にランクインしたのもうなずける。

三国志における張飛最大の見せ場といえば、長坂《ちょうはん》の戦いにおける殿《しんがり》だろう。劉備《りゅうび》が頼った劉表《りゅうひょう》が死に、跡継ぎの劉《りゅう》琮《そう》は曹操《そうそう》に降伏。劉備は敗走し曹操軍の追撃を受けるが、殿を務めたのが張飛だった。張飛は僅かな兵とともに長坂橋の上に立ちふさがり「我こそは張飛なり。ここで生死を決せん」と曹操軍を大喝。これに恐れをなした曹操軍は追撃を諦めたと演義に描かれている。

個人としての武力は、呂布と一騎打ちして負けなかったことからもわかるように、非常に優れていたし、蜀《しょく》の創業後の戦では負け知らずで将としての器も備えている。

正史では智謀にもそこそこ長けており、政治能力も備わっていたことが記述されているが、演義では大酒飲みの乱暴者として描かれている。道化として描かれている点は非常に残念だ。

三国志最強の忠臣

我欲をむき出しにし、変節、裏切りが蔓延する三国志にあって、主君への忠義を立てる武将はそれだけで魅力的。あまたいる人物のなかで忠義に溢れた漢は誰だ!?

忠臣 第1位

夏《か》侯《こう》惇《とん》

曹操の親族にして股肱《ここう》の臣

片目を失ったことから盲夏侯とも呼ばれた

綺羅星のごとく有能な者が多い魏《ぎ》の将のなかでも曹操《そうそう》に最も近く、またその忠臣ぶりから「忠侯」の諡号《しごう》（死後、生前の事績を尊んで贈る名）を与えられことが正史に記された夏侯惇。忠臣ランキング1位も納得である。

曹操が董卓《とうたく》討伐の軍を催すと、夏侯惇は親族で極めて親しい関係であったことから曹操軍の武将として従った。汴水《べんすい》の戦いで董卓軍の徐栄《じょえい》に大敗した際には、徐栄に追われ窮地に陥った曹操をいとこの夏侯淵《かこうえん》と共に救出に赴き、徐栄を討ち取っている。

博望坡《はくぼうは》の戦いでは、事前に火攻めがあると注意されていたにもかかわらず劉備《りゅうび》軍の計略にかかってしまう。敗戦の責任を取るため自分の体を縄で縛り曹操の前に出たが、曹操はその覚悟に心打たれ、「手柄を立てて罪を償え」と夏侯惇を思いやっている。

演義では、呂布と戦って片目を失い、徐栄や高順《こうじゅん》との一騎討ちをするなど、猛将という印象が強い夏侯惇だが、正史では、曹操に最も信頼された指揮官として描かれている。曹操が兗州牧《えんしゅうぼく》（州の長官）になると、別軍を率いている。このことからも、曹操が夏侯惇を臣下というより自分の分身のように扱っていたことがうかがい知れる。

魏《ぎ》が成立すると夏侯惇は、配下のなかで唯一魏の官位ではなく、漢の官位が与えられ、曹操と立場が同列である「不臣の礼」で遇された。

夏侯惇の先祖は、漢の創業に多くの功績を残した忠臣・夏侯嬰《かこうえい》と言われる。夏侯惇も先祖に劣らない忠臣ぶりを貫いたのだ。

column

忠臣の条件

「忠」とは中国の倫理思想のひとつで、「中なる心、真心」という意味。どこまでも徹底して人を思いやり、人に尽くすことが忠であり、主君に対する臣下の道徳と考えられている。そのため、時には主君に対しての思いやりから、耳障りな諫言を述べることもある。一時、主君の機嫌を害してでも、自分が信じる正義や真実を示すことこそが「忠」であり、それができる人物こそが忠臣と言えるのである。

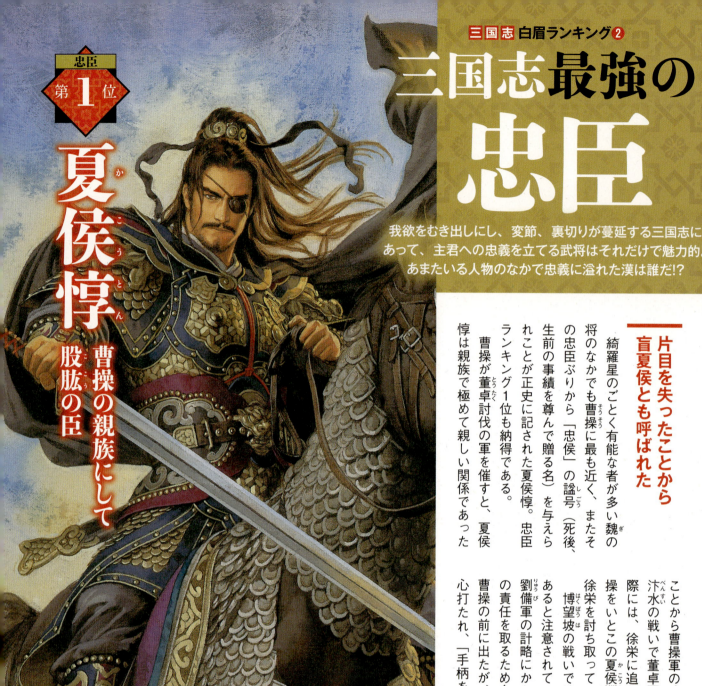

忠臣 第2位

諸葛亮《しょかつりょう》

中国十大忠臣のひとり

僅かながら票数が及ばず、忠臣2位となってしまった。

諸葛亮が忠臣とされる最大の出来事が「出師表《すいしのひょう》」である。諸葛亮が魏に遠征するにあたり、劉禅《りゅうぜん》に奉った「先帝（劉備《りゅうび》）は創業半ばにして」から始まる文章は、生前の劉備から受けた恩を強調するとともに、劉禅に対して主君の在り方を説いたもので、後世、「読みて涙を堕《おと》さざればその人必ず不忠」と言われるほど、忠義に溢れている。この出師表を奉じたことで諸葛亮は忠臣とされ、中国十大忠臣のはじめにその名が刻まれることとなった。

諸葛亮の忠誠心は、後世の人々誰もが認めるところだが、はじめから周囲にその存在を認められたわけではない。劉備が諸葛亮を得てからは関羽《かんう》、張飛《ちょうひ》の義兄弟2人や配下の者との交流が疎かになってしまい、劉備は苦言を呈されている。劉備はこれに対し「私が諸葛亮を得たのは、魚が水を得たようなものだ」と答え、部下たちの不満を抑えつけた。

豪傑 第3位

周瑜《しゅうゆ》

幼馴染の孫策に臣下す

呉《ご》からは周瑜がランクインした。主君である孫策《そんさく》・孫権《そんけん》との関係は、孫策の父・孫堅《そんけん》が反董卓軍の義兵を挙げたときから。孫策と同じ歳ということもあり親しく交わっていた。その後、孫策を「大業を成し得る器」とみて「断金の交」と言われるほど、忠誠を尽くす。また孫策の死後、跡を継いだ孫権に進んで臣下の礼を取った。これにより孫権の世襲を疑問視していた諸将も、こぞって孫権の家督を認めたという。孫権にとっては周瑜は己の立場を確立してくれた恩人ともいえるのだ。

孫家は孫子の子孫を称していたが、実際のところは孫堅が海賊退治で手柄を立て立身出世した成り上がり者。対して周家は漢王朝の重臣であった名家である。いわば有能なエリートが自ら認め、身分の怪しい者に一生を尽くそうとしたのだ。

その後、周瑜の補佐により孫権は飛躍し、呉の創業も成し得ていく。孫家にとってみれば、周瑜という忠臣がいてこそという思いも強かっただろう。

三国志一の美女

三国志では、女性たちも数多く登場する。なかでもその優れた美貌で英雄たちの人生を狂わせるほどの魅力を持つ美女たちの存在は、三国志を語る上で外すことはできない。

美女 第1位 貂蝉《ちょうせん》
中国四大美女のひとり

当然ともいえる結果だが、ランキング1位となったのが貂蝉だ。

貂蝉は、春秋時代の傾国の美姫・西施《せいし》、後漢時代に匈奴《きょうど》の王に嫁がされた王昭君《おうしょうくん》、唐の玄宗《げんそう》皇帝の寵妃となった楊貴妃《ようきひ》と並び、中国四大美女のひとりに数えられている美女だが、その中で唯一の架空の人物である。

貂蝉は漢の能吏である王允《おういん》に買われ、実の娘のように育てられた。王允は黄巾《こうきん》賊の討伐などで名声を高め、行政官のトップである司徒となるが、専横を極める董卓《とうたく》を除こうとした。そこで貂蝉の美貌を利用して、呂布《りょふ》に董卓を暗殺させようと目論む。まず呂布を貂蝉に会わせ惚れさせた後、董卓に貂蝉を献上。そのうえで呂布と貂蝉が密会するようにお膳立てをして、呂布に董卓への叛逆心を煽らせ、董卓を暗殺せしめたのである。

これは「美女連環の計」と呼ばれる策謀であったが、その策謀のキモはなんといっても貂蝉が卓越した美貌を持っていたことであった。また養父・王允への恩ということも重要なポイントと言える。

貂蝉はその後、呂布の妾となって、夫の放浪に付き従っていくが、呂布が曹操に処刑された後の動向は、明らかにされていない。

なお、貂蝉というのは本名ではない。貂蝉とは高位高官がかぶる冠のことで、その管理をしていたことにちなむ名前だ。

歴史書には、呂布が董卓の侍女との密通が発覚することを恐れ、王允に相談したところ董卓暗殺を勧めたという記述がある。この侍女が貂蝉のモデルだろう。侍女の容貌には記述がないが、美貌の持ち主であったと思われる。

美女 第2位 鄒氏《すうし》
曹操を狂わせた美女

女好きでも知られる曹操をひと目でノックアウトし、溺れさせたことで知られる鄒氏《すうし》が2位にランクイン。

鄒氏は董卓の配下・張済《ちょうせい》の未亡人であったが、その美貌に惚れた曹操が求めて側妾となった。

当時曹操は42歳。政務をうっちゃるほど鄒氏に溺れたことから、一度は降伏した彼女の義理の甥・張繡《ちょうしゅう》が激怒。再び曹操に叛いてしまった。曹操は大敗を喫し、忠臣・典韋《てんい》と長男・曹昂《そうこう》を失う大打撃を受けた。鄒氏もその戦の最中に命を失っている。

美女 第3位 孫尚香《そんしょうこう》
男勝りの劉備の妻

三国志のアマゾネスとも言うべき、孫尚香が3位となった。

孫堅の娘で、政略結婚により劉備の妻となった。武装した侍女たちを身の回りに置き、自身の部屋には武具が飾り立てられていると描写されている、バリバリの武闘派である。

武力はからっきしの劉備との仲は良好だったが、蜀《しょく》と呉《ご》の関係が悪化したことで、呉に帰国することになる。その際、義理の息子である劉禅《りゅうぜん》を連れて帰ろうとしたが、趙雲《ちょううん》と張飛《ちょうひ》がその策謀を防いでいる。

column

三国志は美女の宝庫

本項でランクインした女性以外にも三国志では数多くの美女が登場する。ここではそうした美女たちをざっと紹介しよう。

まずは何皇后。と畜業を営んでいた兄の何進により後宮に送り込まれ、見事、霊帝の目に止まり男子（少帝）を産んだ。最期は董卓に少帝ともども謀殺されてしまう。

皇后という立場の女性でいえば、文帝・曹丕の皇后となった甄皇后と郭皇后のふたりも美女として名高い。甄皇后は袁紹の次男・袁熙の妻であったが、曹丕が一目惚れし略奪してしまった。しかし、のちに曹丕の寵愛は郭皇后に移る。郭皇后は甄氏をさらに追い落とし、ついには謀殺してしまった。

呉も美女が多い。とくに二喬と呼ばれ姉妹で孫策の妻となった大喬と周瑜の妻となった小喬のふたりが美女として名高い。

一方で蜀には、美女の逸話が乏しい。そもそも中国の儒教では、女性の美しさは「色」として否定的に見られるので、善玉である劉備のまわりにはそうした色を置かないようにしたのだろう。「色」が君主を溺れさせるのは、第2位の鄒氏のとおりだ。

貂蟬は類まれなる美貌と色香で
董卓と呂布を手玉に取る

三国志一の名コンビ

三国志では様々な人と人の繋がりが描かれているが、なかでも「この2人が出会ったことで情勢が動いた」と感じさせる組み合わせがある。そうした名コンビを紹介しよう

郭嘉

荀彧

名コンビ
第1位

豫州潁川郡《よしゅうえいせん》出身のコンビが曹操を支えた
郭《かく》嘉《か》と荀《じゅん》彧《いく》

曹操のもとで共に競い合い高め合った名軍師コンビ

曹操《そうそう》から「奉孝《ほうこう》だけが、私の真意を理解している」と絶大な信頼を寄せられたのが魏《ぎ》の軍師・郭嘉（奉孝は郭嘉の字《あざな》）。その郭嘉が曹操の軍師となったのは、同郷の先輩、荀彧の推挙があったからだ。

荀彧は早くから曹操の軍師となり、「わが子房」（劉邦《りゅうほう》の軍師・張良《ちょうりょう》のこと）と呼ばれた軍師。曹操が人材を求めた折、名声を得ながらも逼塞《ひっそく》していた同郷で7歳年下の郭嘉を紹介したのだ。曹操と面談し、天下国家を語り意気投合した郭嘉は、その幕下に加わることとなった。

郭嘉は戦略・戦術共に秀でていた。袁紹《えんしょう》と対峙し押されていた曹操が雄飛するために尽力した。先輩となる荀彧は、軍略だけでなく政治面でも卓越した能力の持ち主で、内政・外交の両面でも活躍。

同郷の誼《よしみ》に加え、曹操に推挙したという間柄から、郭嘉と荀彧の関係は、具体的な逸話などは残ってはいないが、良好であったと考えられる。

しかし、郭嘉は曹操に仕えてから10年足らずの後、病死してしまう。その後起った赤壁《せきへき》の戦いで、諸葛亮《しょかつりょう》・周瑜《しゅうゆ》により大敗した曹操は「奉孝さえおれば、このようなことにはならなかっただろう」と嘆き悲しんだ。

なお、この2人に加え、荀攸《じゅんゆう》、賈詡《かく》、程昱《ていいく》を合わせた5人が『演義』で魏を代表する謀士である。

名コンビ 第2位

禁断の関係にあった?

孫策《そんさく》と周瑜《しゅうゆ》

故事成語に「断金《だんきん》の交わり」という言葉がある。易経《えききょう》の「ふたりが心をひとつにすれば、その鋭さは金をも断ち切る」という一文から取られたもので、極めて固い友情で結ばれていること。「断金の交」と称されているのが、孫策と周瑜である。多感な時期に出会い、お互いを認めあっていた2人は、たちまち親密な関係を築き、のちに大喬《たいきょう》・小喬《しょうきょう》の美人姉妹を揃って妻にしている。その関係は、孫策が死ぬまで続いた。

一方、孫策と周瑜は共に美丈夫であったことから、禁断の関係にあるという噂が、中国では昔からあった。

その昔2人の美少年が惚れあい義兄弟の契りを交わしたが、その美しさに欲情したならず者により2人とも殺害される。2人を哀れんだ村人は廟を建てて祀ったが、村に派遣された役人が怒って廟を取り壊した。ある夜、役人の夢枕に死んだ美少年が立ち、孫策と周瑜の事例を引き合いに役人を責めたという。清代の『子不語』に収録される逸話だが、孫策・周瑜コンビがランクインしたのは、こうしたBL面も評価されたか。

名コンビ 第3位

なぜ曹操の寝室へ?

曹操《そうそう》と夏侯惇《かこうとん》

単なる主君と臣下という関係以上に、深い繋りがあったと思われる曹操と夏侯惇のコンビが、3位にランクインしている。

夏侯惇は死後、忠侯と諡号《しごう》されるほど曹操への忠義が厚かったが、実はもうひとり忠侯が諡号された人物がいる。それが曹仁《そうじん》である。

両名とも曹操の従兄弟という間柄で、若い頃には乱暴者であったが曹操に従い魏の創業に邁進する中で人間的に成長し、武将として大成するところなどはほぼ同じ。武将としての能力は曹仁の方が評価が高いが、印象面でも曹操の扱いにおいても、夏侯惇の方が厚遇されている。

多分、直情径行な性格だが、どこか憎めない点がある夏侯惇は、曹操とのマッチングが良かったのだろう。

とはいえ、曹操にもやりすぎな面がある。いくら仲が良いとは言え、寝室に許可なく入ることを許しているのだ。信頼の仕方がちょっとおかしい。

呂布軍との戦いで左目に刺さった矢を引き抜く夏侯惇。

column

名コンビの条件

名コンビランキングの4位は劉備《りゅうび》と諸葛亮《しょかつりょう》。5位は甘寧《かんねい》と淩統《りょうとう》という結果であった。

劉備と諸葛亮は「水魚の交わり」で知られる間柄。名コンビにランクインして当然の結果だ。ちなみに「水魚の交わり」は夫婦のような仲、男色の隠語として使われることもある。2位の孫策・周瑜のカップルのような意味で投票した人もいたのかも?

甘寧と淩統のコンビが生まれた背景は少々複雑だ。甘寧は淩統にとって父の仇だったが、甘寧が孫権《そんけん》に降伏したことで、同輩となってしまう。恨みを忘れられない淩統だったが、濡《じゅ》須口《しゅこう》の戦いで甘寧に絶体絶命の危機を救ってもらったことで、義兄弟となる。恩讐《おんしゅう》を超えた、少年漫画のような展開があったのだ。

こうしてみると、三国志で名コンビだと考えられるのには、何かしらの記憶に残るエピソードがあるふたりが上位にランクインしている。そのなかで、たいしたエピソードがないにもかかわらず郭嘉と荀彧のコンビが1位となったのは、軍師同士という対立しがちな立場にありながらも、良好な関係を築けたということが評価されたのかもしれない。

死に様が見事なのは誰だ!

ある者は戦場で華々しく命を落とし、
ある者は無念の病に倒れ、
ある者は奸計に陥って突然の死を迎える。
数々の武将のなかから、
とくに死に際に輝きを放った者たちを紹介する。

見事な死に様 第1位

典《てん》韋《い》

生命と引き換えに主君を救う

曹操の忠実な親衛隊長 壮絶な最期に敵も驚嘆

数多の英雄が現れては消えていった三国時代にあって、「見事な死に様」第1位に輝いたのは、曹操《そうそう》の親衛隊長を務めた典韋だ。

もとは張遼《ちょうりょう》の配下だったが、同僚との不和が原因で、数十人を殺して出奔し、山中に隠れたという豪傑。

その後、曹操の右腕である夏侯惇《かこうとん》に見出されると死をも恐れぬ戦いぶりで頭角を現し、古の豪勇「悪来《あくらい》」になぞらえられ、やがて親衛隊長にまで上り詰めた。しかし、その死はあまりにも早くやってくる。曹操は漢の献帝《けんてい》を迎え入れた翌年の197年、荊州《けいしゅう》攻略の足がかりとして張繡《ちょうしゅう》が支配する宛城《えんじょう》に侵攻した。

張繡はあっさりと降伏したものの、曹操が彼の親族の未亡人（鄒氏《すうし》）を側室にすると一転、油断している曹操軍に奇襲をかける。不意を突かれた曹操は長男の曹昂《そうこう》と甥の曹安民《そうあんみん》を討たれ、自らも窮地に陥った。

典韋はわずかな部下とともに、主君を逃がすため奮戦。体に数十ヶ所の傷を負いながらも、長戟《げき》を手に敵を次々となぎ直した。恐れた敵から遠巻きに矢を射掛けられると、針鼠のようになって典韋は戦死した。

あまりの気迫に、敵兵は絶命した典韋になかなか近づけなかった。曹操は息子たちの死よりも典韋を失ったことを嘆き悲しみ、のちに彼の子を司馬《しば》に取り立てている。

見事な死に様 第2位

投降を拒み刑場へ 陳宮《ちんきゅう》

「見事な死に様」第2位に選ばれたのは呂布《りょふ》の軍師として知られる陳宮。

中牟《ちゅうぼう》の県令として、董卓《とうたく》の暗殺に失敗した曹操を捕縛するが、その志に共感し逃亡を助ける。しかし、曹操が勘違いで世話になった一家を皆殺しにしたことで決別することになる。

のちに張邈《ちょうばく》の参謀を経て、流浪の身だった呂布の軍師となって曹操の兗州《えんしゅう》を奪った。

軍師として、劉備《りゅうび》の隙を突かせて徐《じょ》州《しゅう》を支配下に置くなど知謀の冴えを見せるものの、袁術《えんじゅつ》との縁組や陳珪《ちんけい》親子の粛清などの献策は呂布に退けられる。

やがて呂布は曹操に追い詰められ、陳宮は城の内外から挟撃する「掎角《きかく》の計」を提案するものの、またも却下。

結局、呂布は部下の裏切りで敗北し、陳宮も曹操の前に引き出される。

その才を惜しんだ曹操は助命しようとしたが、陳宮は「軍法を明らかにせよ!」と言い放つと、自ら刑場に歩いていったという。死後、曹操は彼の遺族を厚く遇した。

見事な死に様 第3位

生ける仲達を走らす 諸葛亮《しょかつりょう》

第3位にランクインしたのは希代の天才軍師・諸葛亮である。

若かりし頃、荊州で晴耕雨読の日々を送っていた彼が「三顧《さんこ》の礼」で劉備に迎えられたのはご存知の通り。

曹操に攻め立てられ、領地すら持てない苦難の日々を経て、赤壁《せきへき》の勝利を足がかりに蜀《しょく》を手中に収め、蜀漢の皇帝にまで主君を押し上げた。

しかし、その後蜀は関羽《かんう》を皮切りに張飛《ちょうひ》、劉備、法正《ほうせい》など建国の功労者たちを次々と失い、蜀の舵取りは諸葛亮の双肩に重くのしかかることになる。

それでも北に南に八面六臂の活躍で劉備とともに築き上げた蜀を守った彼だったが、並々ならぬ覚悟で魏《ぎ》の司馬《しば》懿《い》に挑んだ北伐の最中、過労からか54歳の若さで五丈原《ごじょうげん》に没した。

しかし、諸葛亮は自身の死をも策に利用していた。

死の間際に自身の人形を輿《こし》に載せて陣頭に立たせていたのだ。

諸葛亮の死に乗じて攻め込んできた司馬懿はそれを見て驚愕、慌てて撤退していったという。

有名な「死せる孔明、生ける仲達を走らす」の故事である。

column

見事な死に様の条件

3名のいずれも窮地にあって主君に殉じた「忠義の士」であり、その点が後世の人々の胸を熱くさせるのだろう。一方、心の赴くがままに生き、裏切りを繰り返して曹操に捕らえられ、「俺を登用しろ」と最後まであがき続けた呂布の死に様もまた彼らしいし、反董卓連合から33年、一貫して最前線で戦い続けながらも静かな最期を迎えた曹操のいとこ・曹仁《そうじん》も捨てがたい。

三国志一の梟雄《きょうゆう》

「三国志」はある意味、ワルの物語と言える。
ワルがいるからこそ、正義・忠義の心を持つ者たちが際立つ。
そんな、戦いを盛り上げた選りすぐりのワルたちを紹介しよう。

ワル 第1位

曹操《そうそう》

乱世の奸雄 中原を席巻

逆らう者には容赦なし 劉備と好対照の風雲児

栄えある（?）「ワル」第1位に輝いたのは「乱世の奸雄《かんゆう》」として知られ魏《ぎ》王になった曹操である。

この人物評は、曹操が子どもの頃に人物鑑定家の許劭《きょしょう》が「君は治世には能臣だが、乱世には奸雄となる」と予言したことに因む。聞いた曹操は大喜びしたという。

いやしい宦官《かんがん》を祖父に持つにもかかわらず、「黄巾《こうきん》の乱」でまさに乱世が訪れると、それに乗じてまたたく間に立身出世を果たした。

乱の終結後は、董卓《とうたく》討伐の失敗を経て兗州《えんしゅう》・豫州《よしゅう》で優秀な臣下と精強な兵士を手に入れ、さらに長安《ちょうあん》から逃げ延びてきた献帝《けんてい》を擁して、にわかに中原《ちゅうげん》の一大勢力となる。

その後、旧友・袁紹《えんしょう》を打ち倒して魏《ぎ》の礎を築いてからの版図は広大なものとなり、「三国時代」とはいえ、曹操の一強状態といっても過言ではない。

しかし、その過程では逆らう者に容赦をしない大殺戮劇を繰り広げている。董卓の暗殺に失敗して逃亡している途上では勘違いから恩人の呂伯奢《りょはくしゃ》の一家を皆殺しにし、徐州《じょしゅう》の陶謙《とうけん》の領内で父が殺害されると、攻め入って数十万人規模の住民を殺戮し、その死骸で河の流れが堰き止められるほどであったという。

また、才能を持つ人を愛した一方で、自分の思い通りにならなかった名医・華佗《かだ》を拷問にかけて殺害したり、中国を代表する聖人・孔子《こうし》の子孫でたびたび曹操に諫言を行った孔融《こうゆう》も処刑している。

後漢内部で反乱を企てた董承《とうしょう》の一族や献帝《けんてい》の皇后・伏寿《ふくじゅ》については言わずもがな。すっかり「三国志」きってのワルのイメージが定着してしまった。

column

ワルの条件

まず曹操の名誉のために言っておかなければならないのは、数々の漫画や小説の原作となっている『三国志演義』の内容は、劉備を主人公とする「小説」としての性格が強く、曹操が必要以上に悪人に描かれているということだ。曹操の軍事力の中核を担ったという「青州兵《せいしゅう》」は、もとは青州の腐敗役人から曹操が解放した黄巾賊たちである。彼らが主君が死ぬまで忠実に従っていたことを見ても、単純な「ワル」とは評し難い。

馬超は、その曹操相手に媚びることなく涼州《りょうしゅう》で孤立無援の戦いを続けたり、「離間の計」にかかって恩人の韓遂を疑ったりした逸話が、法正は主君を裏切って劉備に蜀を売り渡した点を考慮されてのランクインだが、両人とも蜀の臣下になってからは忠誠を尽くしているため、ベスト3に入るほどの「ワル」かというと疑問が残る。

むしろ法正と同じく劉備を蜀に招き入れた孟達《もうたつ》は、のちに荊州の関羽《かんう》との仲違いから魏に降り、身の危険を感じると、蜀に出戻ろうとして失敗し、司馬懿《しばい》に殺された尻軽ぶり。こうした人物も「ワル」に相応しいだろう。

ワル 第2位

法正《ほうせい》

暗愚な主君を見限る

「ワル」第2位に着けたのは蜀《しょく》の能臣、法正である。劉璋《りゅうしょう》に仕えていたものの、素行が悪くて重用されず、主君の暗愚ぶりにも嫌気が差していた。

そのため劉備《りゅうび》の入蜀を積極的に手引し、張松《ちょうしょう》とともに何年も劉璋を騙し続けた。成都《せいと》が陥落すると劉備の幕下で重臣の地位を用意され、諸葛亮《しょかつりょう》と「蜀科」という法律を作っている。

さらに「漢中の戦い」では黄忠《こうちゅう》とともに曹操の重臣・夏侯淵《かこうえん》を打ち取る大戦果を挙げた。

その後病死してしまったが、関羽《かんう》の弔い合戦「夷陵《いりょう》の戦い」で劉備が大敗すると、諸葛亮は「法正が生きていればこのようなことにはならなかった」と嘆息したという。

一方で正史では、優秀な参謀として諸葛亮に匹敵する存在感を放っているが、こうした法正の軍事面の功績が全て演義では諸葛亮のものとなっている。私怨で人を殺した法正を、その功績から諸葛亮が咎《とが》められなかったという逸話も残っている。

ワル 第3位

馬超《ばちょう》

父を野望の犠牲に

蜀の五虎《ごこ》将軍のひとり、馬超が第3位にランクイン。馬超というと、孤高の猛将で蜀に忠誠を尽くしたイメージがあるが、この位置には理由がある。

馬超は西涼《せいりょう》の太守・馬騰《ばとう》の子として生まれ、父が朝廷に召し出された後も故郷にとどまり、力を蓄えた。

そして馬騰ら一族が曹操に処刑されると韓遂《かんすい》と連合して曹操に叛旗を翻した――とされている。しかし、これは演義での記述である。正史では、馬騰が殺されたのは馬超の反乱の後のこと。つまり彼は父の身の危険も顧みず曹操に「私戦」を挑んだことになる。

「潼関《どうかん》の戦い」では、曹操をあと一歩のところまで追い詰めたものの、親衛隊長・許褚《きょちょ》に阻まれる。

その後、賈詡《かく》の「離間《りかん》の策」にはまって協力関係にあった韓遂に疑心を抱き、その離反を招くなど、思慮が足りない人物だったと思われる。

その後は劉備の配下となった。

涼州出身だったからか、異民族の羌《きょう》族は馬超にはおとなしく従ったという。彼が持つ孤高の「ワル」の魅力に惹かれたのかもしれない。

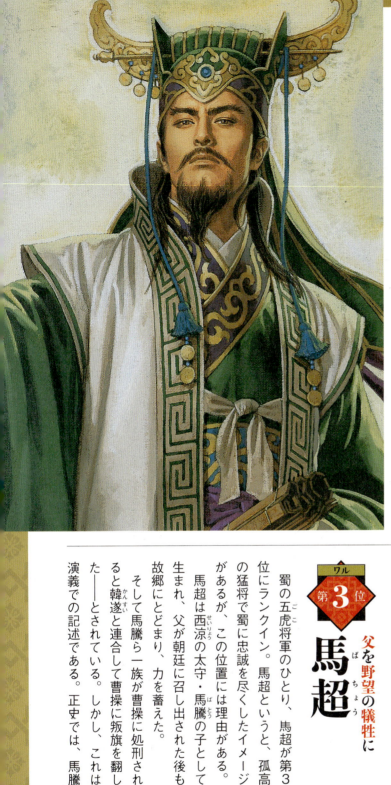

右腕にしたい漢《おとこ》は誰だ！

古くは周の文王における呂尚《りょしょう》（太公望）、劉邦《りゅうほう》における張良《ちょうりょう》、項羽《こうう》における范増《はんぞう》など、英雄の傍らには常に頼りなる右腕がいた。忠を尽し、主君を栄達させた右腕たちを選出する。

右腕 第1位

諸《しょ》葛《かつ》亮《りょう》

どこまでも蜀に殉じた軍師

劉備との「水魚の交わり」主君の死後も国を支える

数多くの知恵者のなかでも、最も「右腕にしたい」と評価されたのは諸葛亮であった。「三国志」を代表する天才軍師の選出に異存はないだろう。

父親を早くに亡くした諸葛亮は親戚の諸葛玄《しょかつげん》を頼って荊州《けいしゅう》にやってきた。知識人が集まる荊州で才能を磨いた諸葛亮は、窮地の劉備《りゅうび》に「三顧《さんこ》の礼」で迎えられ、その軍師となったのだ。

諸葛亮は劉備に天下を統一するための戦略「天下三分の計」を授ける。天下を3つに分け、曹操《そうそう》と孫権《そんけん》が支配していない荊州と益州《えきしゅう》を奪取し第三局となろうというのだ。しかるのちに、中原に進攻して曹操を滅ぼし、漢の再興を実現させる構想であった。

「第3の天下」の実現までは順調であった。孫権との赤壁《せきへき》の戦いで大惨敗を喫した曹操が勢力を立て直している隙に、劉備は荊州、益州を陥れることに成功する。次いで仇敵・曹操を漢中の戦いで撃破し、劉備は生涯で最大の版図を手に入れた。

219年、劉備は漢中王に即位し、さらに2年後には、ついに皇帝の位に登る。最大の功労者、諸葛亮は丞相《じょうしょう》となった。しかし、蜀がそれ以上成長することはなかった。関羽《かんう》が討たれ、荊州が奪われると、激怒した劉備は弔い合戦を始めて夷陵《いりょう》の戦いで大敗北。失意のうちに没してしまった。

その死の間際、劉備は諸葛亮に息子・劉禅《りゅうぜん》を託し、「息子に才能が足りなければ君が取って代わるべし」と言い残している。おそらく劉備は諸葛亮がそんなことをする男ではないと知っていながらも、自らの右腕に最大の「牽制」をした。諸葛亮は、その生涯を終えるまで、劉備と二人三脚で築いた蜀漢を守り続けるとともに、北伐を続けて天下統一の夢を追い続けた。

赤壁の戦いの名場面

南屏山《なんへいざん》に祭壇を築かせた諸葛亮が祈り、見事に東南の風が吹かせた。

右腕 第2位

関羽《かんう》

義兄弟に殉じた生涯

呉《ご》随一の功臣・周瑜《しょうゆ》を抑えて第2位の評価を得たのは、劉備の義兄弟・関羽である。身の丈9尺の軀《からだ》と見事な髭、青龍偃月刀《せいりゅうえんげつとう》と曹操から贈られた赤兎馬《せきとば》がトレードマークである。

劉備、張飛《ちょうひ》と「桃園《とうえん》の誓い」で義兄弟の契りを結ぶと「黄巾《こうきん》の乱」や董卓《とうたく》討伐戦で大活躍し、劉備の立身出世に大いに貢献した。

喧嘩っ早い豪傑の張飛と違い、冷静沈着な関羽は部下からの信頼も厚かったという。劉備が曹操に破れて逃亡し、主君の妻子を人質に取られると関羽はその助命を条件に投降し、一時的に幕下に加わることになる。

しかし、袁紹《えんしょう》との白馬の戦いで手柄を立てて義理を果たすと曹操のもとを去り、5つの関所を突破し、6人の大将を討ち果たして再び劉備のもとに馳せ参じた。

劉備の入蜀や漢中攻めの際には一貫して要衝・荊州を任されていることからも、絶大な信頼を得ていたことが窺《うかが》える。しかし、魏呉の合同作戦によって誘い出され、麦城《ばくじょう》で敗北。捕らえられて斬首されてしまった。

右腕 第3位

周瑜《しゅうゆ》

友の夢を継いだ名軍師

「右腕にしたい」ランキング第3位に着けたのは呉の危機を救った名将・周瑜である。揚州《ようしゅう》の名家に生まれ、早くから孫氏の2代目、孫策《そんさく》と友情を育んだ。孫策が挙兵すると周瑜は軍師として従い、江東《こうとう》に一大勢力を築いた。2人はそれぞれ大喬《たいきょう》・小喬《しょうきょう》という姉妹を娶って固い絆を結んだ。

その孫策は26歳の若さで没し、周瑜はその弟・孫権を助けて国の舵取りを担うことになる。

しかし、国力が充実するより先に、曹操の大軍が荊州を呑み込みながら南下、呉は「投降」か「抗戦」かの二択を迫られる。家中を投降派が占めるなか、周瑜は魯粛《ろしゅく》とともにあくまでも徹底抗戦を主張し、20万の曹操軍にわずか5万で立ち向かう決断をする。

精強な水軍を擁する呉は赤壁の戦いで火計を成功させ、曹操の水軍を焼き尽くして大勝利を収める。これに乗じて天下統一の軍を起こした周瑜だったが、矢傷に斃《たお》れてしまった。

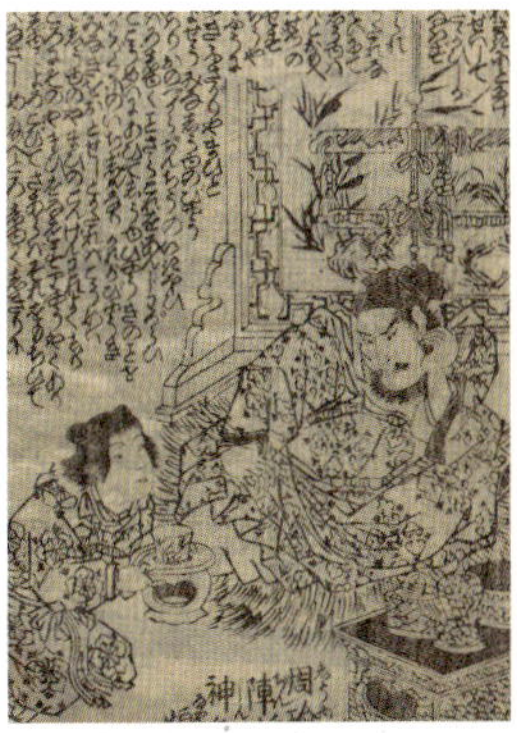

❖周瑜

江戸時代の「三国志画伝」に描かれた周瑜の姿。

column

右腕の条件

いずれも有能なだけではなく、主君を失ったり、主君が自分を残して逃亡するなど、忠義の心が試される局面に遭遇している点も共通している。注目したいのは、蜀の臣が2人、呉の臣がひとりと魏からの選出がないこと。あえて挙げるなら長年にわたって曹操を支えた荀彧《じゅんいく》や、実質的に「三国時代」を終結させた司馬懿《しばい》だが、いまいちピンと来ない。

これは、魏が人材難というわけではなく、むしろ人材が軍政両面であまりにも豊富で、ひとりに頼り切りになる必要がなかったことの証左と言えるだろうし、曹操自身の能力がそれだけ卓抜していたからであろう。

また、正史において曹操は荀攸《じゅんゆう》、程昱《ていいく》、郭《かく》嘉ら俊英を集めて、いわば「参謀本部」のような組織を作っており、集団で戦略の立案にあたらせたため、ひとりの「右腕」を必要としていなかったのだ。諸葛亮亡き後の蜀漢が急速に衰退し、周瑜亡き後の呉も陸遜《りくそん》に権力が集中し過ぎて皇帝の後継者争いに巻き込まれたことなどを鑑みても、国家の長期的な発展に必要なのは、ひとりのヒーローではなく優秀な顧問団であることがわかる。

男勝りの女傑

戦乱の世を彩ったのは男だけではない。男勝りの武勇や勇気で時代と渡り合った女たちの存在も忘れてはならない。間違っても妻にはしたくない選りすぐりの女傑をご紹介する。

女傑 第1位 孫尚香《そんしょうこう》

呉蜀の架け橋になるはずが…

劉備と愛し合っていた怖いもの知らずの猛女

「男勝りの女傑」第1位は劉備《りゅうび》の正妻・孫尚香である。孫策《そんさく》・孫権《そんけん》兄弟の妹にあたり、たいへん気性が激しく、女だてらに武術を好み、薙刀《なぎなた》や剣術に通じ侍女にも武装させていたという。ただし、弓で武装していた話は、吉川英治の三国志のみの記述だ。

劉備との馴れ初めも、彼を孫尚香との婚姻と偽っておびき寄せ、暗殺する計画だったというから穏やかではない。しかし計画を立てた周瑜《しゅうゆ》にとって誤算だったのは、2人が一目見てお互いを気に入ってしまったことだった。

せめてもの策として2人を孫権が建てた豪華な屋敷に住まわせて骨抜きにようとしたが、やがて目が覚めた劉夫妻は制止を聞かず荊州《けいしゅう》に移る。

やがて呉《ご》、蜀《しょく》の関係が悪化すると呉は孫尚香の母が危篤との偽情報を流して彼女を帰国させてしまった。

そのまま呉に留められた尚香は、夷《い》陵《りょう》の戦いで劉備が戦死したという誤報に接し、悲しみのあまり入水自殺してしまう。

歴史書でも男勝りの女傑として登場し、帰国の際も孫権の迎えにさっさと応じている。しかも、その際に蜀の後継者である劉禅《りゅうぜん》を連れて行こうとしたが、張飛《ちょうひ》らによって阻まれたという。

このように史実では演義と違って、劉備との仲はかなり剣呑だったようで気性の荒さがしっかり紹介されている。

孫尚香は輿入れした後も、100人の武装した侍女を侍らせて蜀の法律を守ろうとしなかったので、恐れた劉備は、仕方なく、趙雲《ちょううん》をして後宮を仕切らせたという。

女傑 第2位 何皇后《かこうごう》

因果応報のお手本

第2位は後漢の皇帝・霊帝《れいてい》の妻である何皇后。悪女を絵に描いたような人物で、しがない市井の出ながら後宮に入って霊帝に見初められた。

何氏が弁《べん》皇子を産むと霊帝の寵愛に拍車がかかるが、嫉妬深い何皇后はこれでも満足しなかった。側室の王美人《おうびじん》が協《きょう》皇子を産むと、彼女を毒殺してしまった。

霊帝が死去すると、何皇后は兄の何《か》進《しん》とともに少帝《しょうてい》（弁皇子）を擁立するが、直後に何進が宦官《かんがん》との勢力争いで謀殺されてしまう。

その混乱の最中に上洛してきた董卓《とうたく》は少帝を廃して弘農王《こうのうおう》に格下げし、陳《ちん》留王《りゅうおう》となっていた亡き王美人の子・協皇子を献帝《けんてい》として即位させた。何皇后は永安宮に幽閉されたのち、息子ともども殺されてしまったのである。

女傑 第3位 祝融夫人《しょくゆうふじん》

百発百中の飛刀使い

「男勝り」という点では「三国志」最強クラスと思われる祝融夫人が第3位にランクイン。

南蛮王・孟獲《もうかく》の妻で、夫が諸葛亮《しょかつりょう》の南蛮征伐に苦戦していると、「男のくせに情けない！」と自ら参戦した。

馬術の達人で、さらに飛刀《ひとう》の使い手であり、5万の兵を率いて蜀《しょく》の武将を生け捕りにしたものの、その後は孟獲もとども諸葛亮の策にことごとく嵌《はま》り敗北。捕らえられるたびに解放され、逆らってはまた捕らえられて（七縦七《しちしょうしち》禽《きん》）、やがて心服して降伏したという。

何皇后

「三国志画伝」で、浮世絵風美人に描かれた何皇后。

column

男勝りの女の条件

孫尚香も祝融夫人も女だてらに武術に通じていたことからランクインしているが、「三国志」には男をも驚嘆させるような行動をとった女性が登場する。例えば劉備の第2夫人である糜《び》夫人。曹操の攻撃を受けて荊州から落ち延びる際に、戦場のただ中に劉備の子と取り残されてしまった。単騎救出に駆けつけた趙雲《ちょううん》を見ると、糜夫人は足手まといにならぬようにと、自ら古井戸に身を投げたのだ。

劉備の愛した孫尚香は
容姿端麗で男勝りの武術の達人

三国志一の狡賢い男は誰だ!

乱世にあって「狡賢い」という評価は
褒め言葉なのではないだろうか。
相手より自分の力が劣っていても一計を案じて切り抜ける。
そんなしたたかな男たちを選んでもらった。

狡賢い 第1位

曹操も一目置いた策謀の士

賈詡《かく》

「三国志」を代表する策略家、賈詡が堂々の第1位。はじめは董卓《とうたく》、李傕《りかく》の臣下を経て、張繡《ちょうしゅう》の軍師として仕えている。曹操《そうそう》が攻め寄せるとすぐさま降伏したが、主君と謀り、計略を用いてこれを退け、その際に曹操の子や甥、親衛隊長の典韋《てんい》を討ち取っている。

まさに仇敵《きゅうてき》となったわけだが、曹操と袁紹《えんしょう》が対立すると、張繡へ曹操に味方するように進言している。

曹操が才ある者を冷遇するはずがないと見た賈詡ならではの一手である。果たして彼は参謀として長年にわたり重用され、たびたび曹操に意見を求められた。

涼州《りょうしゅう》の馬超《ばちょう》、韓遂《かんすい》との戦いが起こった際には「離間《りかん》の計」で手玉にとり、曹操が後継者選びで長男・曹丕《そうひ》と三男・曹植《そうしょく》の間で揺れた際も、的確な助言を与えるなど、随所で頭の冴えを見せた。

自分は政権内で警戒されないよう、私的な交際を断ち質素な暮らしを続けていたというから、したたかである。

狡賢い 第2位

宗教で独立国を築いた

張魯《ちょうろ》

「狡賢《ずるがしこ》い」男、第2位にランクインした張魯は、独自の政策で漢中《かんちゅう》に一大勢力を築き上げた人物である。その政策とは「宗教」。なんと自らの祖父が開いた「五斗米道《ごとべいどう》」という道教教団の教祖となって領民を支配したのだ。

「黄巾《こうきん》党」と違い「五斗米道」の教義はいたって平和的であり、領内の統治は道術を学んだ者たちが行なった。

後漢は朝貢《ちょうこう》を条件に張魯の勢力を黙認しており、漢中に侵攻してきた曹操もその手腕を高く評価した。曹操に降伏した張魯は賓客《ひんきゃく》として厚く遇《ぐう》され、その娘は曹操の子に嫁いでいる。「狡賢い」というより「アイディアマン」の方がしっくりくるかもしれない。

狡賢い 第3位

すべては生き残るため

孟達《もうたつ》

第3位は「三国志」きっての裏切り上手、孟達。益州《えきしゅう》の劉璋《りゅうしょう》に仕えるが劉《りゅう》備《び》のもとに馳せ参じて宜都太守の地位を手に入れる。

関羽《かんう》と呉《ご》の戦いでは援軍要請を無視し、見殺しにして魏《ぎ》に投降。ここでも上庸《じょうよう》太守の座に就く。魏での地位が危うくなると、またしても裏切りを画策するが、司馬懿《しばい》に見抜かれており、急襲されて滅ぼされてしまった。

女好きナンバーワン

「英雄色を好む」と言うくらい、
女色と武将は切っても切り離せない関係にある。
合戦に内政に忙しいなかにあっても、
せっせと女性のもとに通った「女好き」を選定した。

女好き 第1位

董卓《とうたく》

悪政の限りを尽くした暴虐王

「三国志」関連の創作物では大抵、でっぷりと太った悪人顔の小人物として登場する董卓が「女好き」第1位に輝いた。

隴西《ろうせい》の生まれで異民族にも顔が利いた董卓は、中央の混乱に乗じて上洛すると、霊帝《れいてい》の子・陳留王《ちんりゅうおう》を献帝《けんてい》として擁立して、またたくまに実権を握った。

その後はやりたい放題で、宮中の女という女を陵辱し、財宝を奪い、少しでも逆らった者は一族郎党皆殺しにしたという。その暴虐ぶりに「反董卓連合」が結成されると長安《ちょうあん》に遷都するが、その過程でも領民を見殺しにするなど悪評を振り撒いた。

見かねた後漢の司徒・王允《おういん》は絶世の美女、貂蝉《ちょうせん》を董卓とその幕下の猛将、呂布《りょふ》のもとへ遣わし、2人を仲違いさせる「美女連環《れんかん》の計」を用いる。

女好きの2人は簡単に策にはまり、貂蝉を巡って董卓に嫉妬した呂布によって董卓は殺されてしまった。その屍《しかばね》は領民たちによって踏みにじられ、肉片ひとつ残らなかったといっ。

女好き 第2位

曹操《そうそう》

子どもの数は圧倒的

「乱世の奸雄《かんゆう》」曹操がここでも第2位にランクイン。宛城《えんじょう》で、敵方の女性にうつつを抜かして生命の危機に瀕するなどの逸話があるが、何と言っても圧倒的なのはその妻と子の数である。

史書で確認できるだけで、16人の妻に31人の子どもを産ませている。蜀《しょく》の劉備、呉の孫権《そんけん》と比較しても圧倒的であり、まさに「英雄色を好む」を地で行って多くの子孫を残したのである。

女好き 第3位

曹丕《そうひ》

甄氏を「お持ち帰り」

父親に次いで仲良く第3位に着けたのは、後漢を滅ぼして魏を建国した曹丕である。彼もまた確認できるだけで15人の妻との間に12人の子どもをもうけた艶福家であり、まさに血は争えない。

曹操と袁紹の戦いの最中には袁紹の子である袁熙《えんき》の妻・甄氏《しんし》を見初めて妻としており、父の曹操から「こたびの合戦はお前のためにやったようなものだ」と苦笑されている。

力だけの脳筋王

戦場での武勇に優れるものの、知略の方はからきし。「三国志」にはそんな、脳みそまで筋肉な「脳筋」武将が数多く登場し、その人間的魅力と間抜けさで読者に親しまれた。

脳筋王 第1位 張飛《ちょうひ》

酒での失態に事欠かない豪傑

不名誉な「脳筋王」第1位となってしまったのは蜀《しょく》の五虎《ごこ》将軍のひとり、張飛である。「桃園《とうえん》の誓い」では末弟として劉備《りゅうび》・関羽《かんう》と義兄弟の契りを結んだ。

家中《かちゅう》随一の猛将として数々の武功を打ち立てた一方で、大酒飲みがもとで城を奪われるなど間抜けなエピソードが数多く残っている。

生涯最大の見せ場は、曹操《そうそう》から荊州《けいしゅう》を追われた劉備を助けるために戦った「長坂《ちょうはん》の戦い」であろう。主君を逃がす時間を稼ぐため、長坂橋に立ちふさがった張飛は、

「我が名は張飛翼徳《よくとく》。死を恐れぬ者は前へ出よ」

と曹操軍に呼ばわった。鬼神のような姿に、恐れおののいた曹操軍は慌てふためき潰走した。

その後は蜀の奪取や漢中攻めで活躍するものの、関羽の死を嘆いて大酒を飲み、部下にきつく当たっていたことがたたって、配下の范彊《はんきょう》と張達《ちょうたつ》に寝首をかかれてしまった。

脳筋王 第2位 呂布《りょふ》

まるで飢えた野獣！

「三国志」最強クラスの武将が「脳筋王」ランキング第2位にランクインした。その圧倒的な強さとは裏腹に、策略にからきし弱いからだろう。

名馬に目がくらんで丁原《ていげん》を殺し、美女に目がくらんで董卓《とうたく》を殺し、領地に目がくらんで劉備を追放するなど、後先考えず、自らの野望のためだけに突き進む様は、まさに「脳筋王」と呼ぶに相応しい。

曹操に捕らえられると自らの武勇を誇って命乞いしたが、曹操が応じるはずもなく、処刑されて生涯を終えた。

column

脳筋王の条件

不名誉な称号ながら、同時に誰をも納得させる腕っ節の強さがあるということ。張飛や呂布が代表格だが、他にも蜀漢の鎮北大将軍にまで上り詰めながら文字がほとんど読めなかったという王平《おうへい》も強烈だ。

演義にしか登場しないものの、諸葛亮の「南蛮征伐」に登場して孟獲《もうかく》に協力する朶思大王《だしだいおう》、木鹿大王《ぼくろくだいおう》、兀突骨《ごつとつこつ》らの極端なまでの単細胞ぶりも印象的である。

上司にしたい英傑

「三国志」は英雄譚である一方で、組織の論理が描かれる企業小説としての一面も持つ。サラリーマンの視点から見て「この人の下で働きたい!」と思わされる3人とは……。

上司にしたい 第1位

司馬懿《しばい》

皇帝に寵愛された気鋭の軍師

司馬懿といえば、実質的に三国時代終結への道筋をつけた魏《ぎ》のエリート軍師である。確かに「勝ち組」の頂点である司馬懿を上司とすれば、食いっぱぐれはなさそうだ。

若い頃から優れた才能と大局観を持ち、将来を嘱望されていた。曹操が漢中を攻めた頃から側近として仕え、その下でさらに将才を磨いていく。

曹操の没後は、自らが世話役を務めた曹丕《そうひ》が後を継ぎ、さらに皇帝に即位したため、いよいよ重用された。曹丕の死にあたっては子の曹叡《そうえい》の補佐を頼まれ、引き続き忠義を尽くした。

そこからは蜀の丞相《じょうしょう》、諸葛亮《しょかつりょう》の度重なる「北伐」を防ぐ日々が始まった。エリートらしく的確な戦略で、快勝しないものの、決定的な敗北も招かない堅実な戦い方で諸葛亮と渡り合う。

結局、諸葛亮は五丈原《ごじょうげん》で没する。その後も、司馬懿は遼東《りょうとう》の公孫淵《こうそんえん》を討伐して功績を揚げ、またクーデターで政敵を一掃するなど、司馬氏の権力を盤石なものとして、生涯を終えた。

余談だが司馬懿は首を180度回して後ろを振り向くという特技（?）を持っていたという。部下になったら、「司馬懿先輩!」と話しかけて首だけで振り向かれることに、まずは慣れなければならないだろう。

❖ 司馬懿

「絵本通俗三国志」に描かれた、「死せる孔明、生ける仲達を走らす」の名場面。

上司にしたい 第2位

呂蒙《りょもう》

呉下の阿蒙《あもう》にあらず

周瑜《しゅうゆ》亡き後、呉を支えた軍師の呂蒙が第2位にランクイン。幼少の頃、江南に渡って孫策《そんさく》の目に留まり、配下となっている。もとは学問に一切興味がなく、武芸一辺倒だったが、孫権《そんけん》に勉強を勧められて一念発起、孫呉きっての知恵者となった。

部下として、早いうちから持ち上げておけば、後で大出世してその恩恵を受けられるかもしれない（?）。

上司にしたい 第3位

曹操《そうそう》

徹底した成果主義者

意外や意外、「三国志」では悪役の曹操が第3位に着けた。確かに「演義」では悪役だが、正史の曹操は家柄や性格にとらわれず、才能ある人材は分け隔てなく重用した人物である。ずばり「求賢令《きゅうけんれい》」という布告まで出している。

部下となれば、成果主義でやり甲斐がある反面、成長がないと見るや切り捨てられてしまいそうなのが心配であるが……。

第四章

三国志 最強の英傑

三国志を愛する
男女75人が
選んだTOP100。
果たしてその
結果やいかに——

最強の三国志英傑 TOP100 ランキング

1位	周瑜	90.7点
2位	関羽	87.6点
2位	諸葛亮	87.6点
4位	陸遜	87.2点
5位	曹操	86.7点
6位	孫策	85.7点
7位	張遼	84.0点
8位	劉備	83.4点
9位	司馬懿	83.1点
10位	趙雲	81.8点
11位	孫堅	81.1点
12位	夏侯惇	77.7点
12位	甘寧	77.7点
14位	荀彧	77.3点
15位	黄忠	76.5点
16位	袁紹	75.4点
17位	法正	74.1点
18位	鄧艾	74.0点
18位	羊祜	74.0点
20位	龐統	73.7点
20位	徐庶	73.7点
20位	徐晃	73.7点
20位	曹仁	73.7点
24位	杜預	73.3点
24位	曹丕	73.3点
26位	孫権	73.0点
26位	姜維	73.0点
28位	呂蒙	72.7点
28位	張郃	72.7点
28位	魯粛	72.7点
31位	馬超	72.5点
31位	龐徳	72.5点
31位	孔融	72.5点
31位	曹真	72.5点
31位	荀攸	72.5点
36位	陳宮	72.3点
36位	張昭	72.3点
36位	馬騰	72.3点
36位	夏侯淵	72.3点
40位	丁奉	72.0点
40位	張飛	72.0点
40位	程普	72.0点
43位	華佗	71.7点
43位	司馬昭	71.7点
45位	淩統	71.5点
45位	田豊	71.5点
45位	黄蓋	71.5点
48位	賈詡	71.3点
48位	袁術	71.3点
48位	文醜	71.3点

51位	李典	71.0点
51位	張角	71.0点
53位	闞沢	70.7点
53位	諸葛瑾	70.7点
53位	徐盛	70.7点
53位	顔良	70.7点
57位	蔡瑁	70.5点
57位	劉表	70.5点
59位	郭嘉	70.3点
60位	太史慈	69.7点
61位	司馬師	68.3点
62位	曹植	68.0点
63位	虞翻	67.7点
64位	鄭玄	67.5点
65位	鐘会	67.0点
66位	陶謙	66.7点
67位	張任	66.3点
68位	周泰	65.7点
69位	曹彰	65.5点
70位	蔣琬	64.7点
71位	公孫瓚	64.5点
72位	張魯	63.7点
72位	孟獲	63.7点
74位	貂蟬	62.7点
75位	諸葛瞻	62.3点
76位	馬良	62.0点
77位	劉焉	61.7点
78位	盧植	60.0点
78位	関興	60.0点
78位	陸抗	60.0点
81位	華歆	59.7点
82位	李厳	59.3点
82位	李儒	59.3点
84位	程昱	59.0点
84位	許褚	59.0点
86位	呂布	58.7点
87位	典韋	58.5点
88位	関索	58.3点
89位	司馬炎	58.0点
90位	魏延	57.5点
91位	曹叡	57.0点
91位	張苞	57.0点
93位	劉協	56.7点
93位	何進	56.7点
95位	董卓	56.0点
96位	王允	55.7点
97位	紀霊	54.3点
98位	韓当	52.0点
98位	孫乾	52.0点
100位	曹洪	50.5点

男女が選ぶ三国志英傑に違いはあるのか？

三国志演義に登場する人物は、魏《ぎ》、呉《ご》、蜀《しょく》の武将や文官。皇帝や皇族、皇后。宮廷に奉仕する去勢された宦官《かんがん》。さらに、南方の異民族や、道士などの宗教家など、その数ざっと3000人。

その中から選りすぐりの150人を武力、人情、智謀、教養、統率の5部門、それぞれ4項目で評価。ここでは、その総合ランキングを発表していこう。

三国志は、正史ファンと演義ファンでは、登場人物の評価に雲泥の差があるのだ。

演義ファンは、蜀の劉備《りゅうび》、関羽《かんう》、張《ちょう》飛《ひ》の義兄弟、諸葛亮《しょかつりょう》に趙雲《ちょううん》などが大人気で、曹操《そうそう》を贔屓にする余地はない。

逆に正史ファンは、魏の曹操、夏侯《かこう》惇《とん》、張遼《ちょうりょう》、賈詡《かく》、司馬懿《しばい》、荀彧《じゅんいく》などの評価が高い。

また女性ファンは、呉の周瑜《しゅうゆ》、陸遜《りくそん》、孫策《そんさく》、甘寧《かんねい》などの評価が異常に高く、さらにイケメンは魏、呉、蜀関係なく高評価されている。

男性ファンは、夏侯惇、典韋《てんい》、許褚《きょちょ》、呂布《りょふ》、関羽、張飛など個人戦闘能力が高い武将好きと、諸葛亮や荀彧、郭嘉《かくか》、賈詡、陳宮《ちんきゅう》、魯粛《ろしゅく》などの軍師や智将好きに分かれるようだ。

そして総合ランキングでは、断トツの1位候補だった諸葛亮は、武力が足を引っ張り関羽との同率2位に沈んでいる。また、同率2位の関羽も智謀と教養の得点が伸びなかった。さらに、もうひとりの1位候補だった曹操も、女性票が伸びず5位となり、劉備も武力の低さが致命傷となり8位止まり。

そして栄えある総合1位は、個別ランキングでの1位はないが、まんべんなく点を稼いだ周瑜が選ばれた。あなたはこのランキングに納得できます？

渡邉チェック

三国志ベスト100について

諸葛亮が低すぎるよね。当然、トップにいないとおかしい。諸葛亮が一番じゃないと、三国志を読んだとはいえないんだけどね。曹操もちょっと下過ぎるし、陸遜の下っていうのは違うな。周瑜が1位で、趙雲が10位ということは女性票が多いのかな？　また74位に貂蟬が入っているのも面白いね。だけど、程昱が低いね。なんでこんな位置(84位)にいるんだろうね？

第1位

呉

周瑜《しゅうゆ》

字：公瑾《こうきん》
出身地：廬江郡舒県《ろこうぐんじょけん》
生没年：175～210年

孫策との友情にすべてを捧げた大都督

総合 90.7

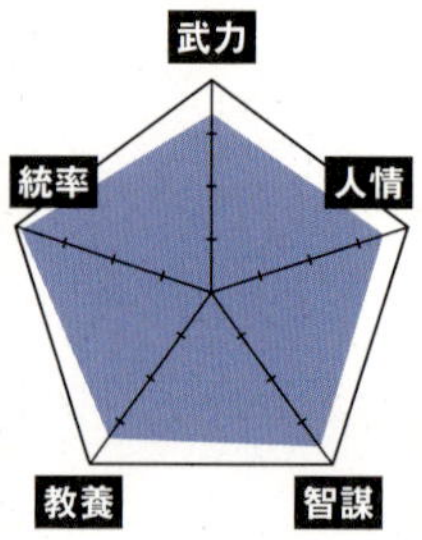

ダントツの女性人気。個別のランキングでは1位になるものはなかったが、総じてすべてが高評価となっている。

武力	17.7
腕力	
経験	
戦術	
逆境力	
人情	17.9
優しさ	
援助力	
一貫性	
許容力	
智謀	18.3
情報力	
予見力	
戦略	
政治力	
教養	17.7
知識力	
文化力	
芸術性	
家柄	
統率	19.1
動員力	
信頼性	
判断力	
実行力	

苦肉の計

黄蓋との仲違いを演じるため諸将の前で黄蓋を杖叩きの刑に処す周瑜

孫呉二代を支え赤壁の戦いに勝利する！

圧倒的な女性票を集め、並み居る知将、猛将、君主、大軍師たちを抑えて、見事、第1位に輝いたのは、呉の大都督・周瑜だ。情に厚く、高い教養と音楽センス、そして美周郎《びしゅうろう》と称えられた美しい容姿を併せ持ち、さらには娶《めと》った妻まで美人という、まさに非の打ちどころのない人物である。

そんな周瑜の一番の魅力は、やはり盟友・孫策《そんさく》との関係であろう。多感な時期に出会ったふたりは、同い年もあって、その後すぐに意気投合。そして亡き父の跡を継いで孫策が軍を起こすと、周瑜もすぐに駆けつけ、以後は文字通り人生を賭して孫呉を支え続けた。

孫策没後は、動揺を見せることなく軍を返し、葬儀に参加、孫策の弟・孫《そん》権《けん》に忠誠を誓った。その後、圧倒的に不利な状況を覆して赤壁《せきへき》の戦いに勝利すると、要所・荊州《けいしゅう》を狙う。赤壁の戦いで同盟相手の劉備《りゅうび》軍を最後まで快く思っていなかった周瑜だったが、それでも自身が亡くなる時には、孫呉の未来を冷静に見つめ、自分の後任を親劉備派の魯粛《ろしゅく》に託している。友情にすべてを捧げた強く賢く潔い生き様が、今も多くの人々を魅了する。

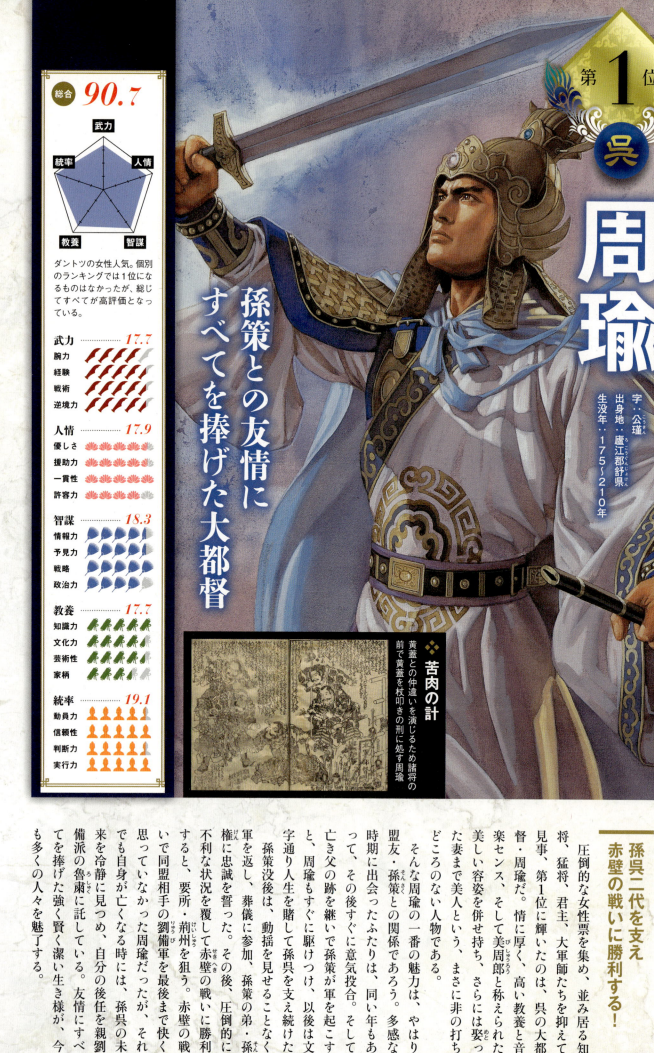

第2位

蜀

関羽《かんう》

字：雲長《うんちょう》
出身地：河東郡解県《かとうぐんかいけん》
生没年：162～219年

劉備に最後まで忠義を尽くした美髯公《びぜんこう》

総合 87.6

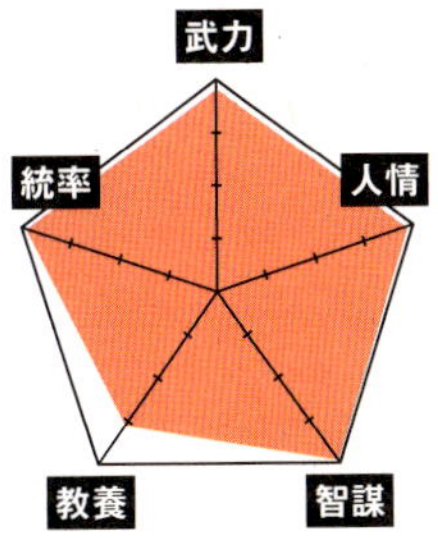

満点の評価は、腕力、逆境力、優しさ、許容力の４つだけだが、この４つの評価が高いのが関羽ならではだろう。

武力 19.0
腕力
経験
戦術
逆境力

人情 19.0
優しさ
援助力
一貫性
許容力

智謀 16.0
情報力
予見力
戦略
政治力

教養 16.3
知識力
文化力
芸術性
家柄

統率 17.3
動員力
信頼性
判断力
実行力

曹操討伐
赤壁の戦いに敗れた曹操を追う関羽だが恩義のある曹操を逃してしまう。

知勇に秀で、義にも厚い人間味あふれる義兄弟！

関羽は、2メートルを超える堂々たる体軀と黒くて長い立派な髭を持ち、片手で軽々と「青龍偃月刀《せいりゅうえんげつとう》」をふりまわす武人。また忠義に厚い高潔な生き様は、昔から民衆に人気があり、神様として「関帝廟《かんていびょう》」に祀られている。

関羽は、義兄弟の契を結んだ劉備の家族が住む城の守備を任されたが、曹操軍に攻められ劉備は壊滅。劉備は生死不明となり、関羽は大切な主君の家族を守るため、曹操軍に投降した。

劉備の生死が判るまでの間、曹操の客将となった関羽は、袁紹《えんしょう》軍の二枚看板・顔良《がんりょう》と文醜《ぶんしゅう》を討ち取って曹操への恩義を返す。そして劉備が生きていることを知ると、曹操に別れの手紙を書き、劉備の下に向かった。やがて劉備と無事再会した関羽は、赤壁の戦いで敗走する曹操討伐を任されるが、恩義のある曹操を討ち取れない。

その後、呉との戦いの中で、関羽は呂蒙《りょもう》と陸遜《りくそん》の計略にかかり、捕らえられる。敵将の孫権《そんけん》は関羽の武勇を惜しんで呉に降るよう説得するが、関羽は「自分はあくまでも劉備の臣下である」と主張して譲らず、処刑された。最後まで劉備への忠義を守り続けたのだ。

第2位

蜀

諸葛亮《しょかつりょう》

字：孔明《こうめい》
出身地：琅邪国陽都県《ろうやこくようとけん》
生没年：181～234年

劉備と蜀のために尽力した天才軍師

総合 87.6

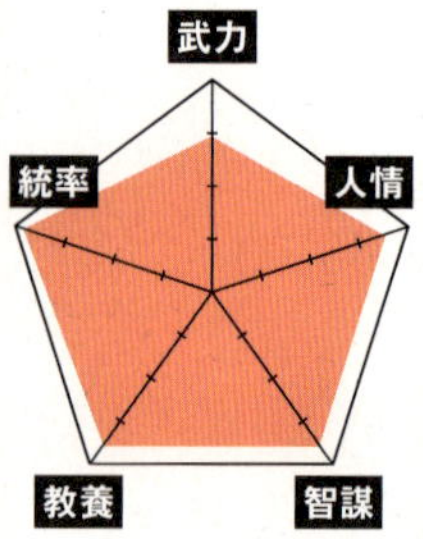

軍師だけに腕力の評価が低いのはしかたがないが、智謀の４項目の評価が厳しすぎるのではないだろうか。

武力 …………… 15.0
腕力
経験
戦術
逆境力

人情 …………… 17.6
優しさ
援助力
一貫性
許容力

智謀 …………… 18.0
情報力
予見力
戦略
政治力

教養 …………… 18.1
知識力
文化力
芸術性
家柄

統率 …………… 18.9
動員力
信頼性
判断力
実行力

新野での計略
諸葛亮の計略により新野に火を放たれ、大慌てで撤退する曹操軍。

抜群の知略と内政手腕 敵を翻弄する数々の罠

諸葛亮は「伏龍《ふくりゅう》（眠っている龍）」にも例えられる希代の天才軍師。三顧《さんこ》の礼を尽くした劉備《りゅうび》の志に強く惹かれ、劉備と蜀《しょく》のために采配を振るった。

「天下三分の計」を立案し、曹操《そうそう》の脅威に怯える呉《ご》を焚きつけ、赤壁《せきへき》の戦いを起こさせる。さらには呉の隙をついて荊州《けいしゅう》をかすめ取り、軍を鍛え、法律を整備し、蜀の国力の充実を図る。曹《そう》丕《ひ》の皇位簒奪により漢帝国が滅びると、劉備《りゅうび》を皇帝に据えて漢を再興（蜀漢）。自身は皇帝を支える丞相《じょうしょう》として活躍する。だが、関羽《かんう》が討たれて逆上する劉備が、敵討ちのための無理な戦を行なって帰らぬ人となる。劉備より息子・劉禅《りゅうぜん》を託され、内政に外征にと奔走。人材難だった蜀を、己の智謀で支え続けた。

やがて、劉備の悲願であった漢による天下統一を成し遂げるため、北伐（魏への遠征）へと乗り出す。しかしその最中、好敵手・魏の司馬懿《しばい》と五丈原《ごじょうげん》で対峙中に死去してしまう。

最後の最後まで蜀を思い、劉備の遺志を叶えようと奔走した諸葛亮がいなければ、蜀という国は存在すらしなかったのかもしれない。

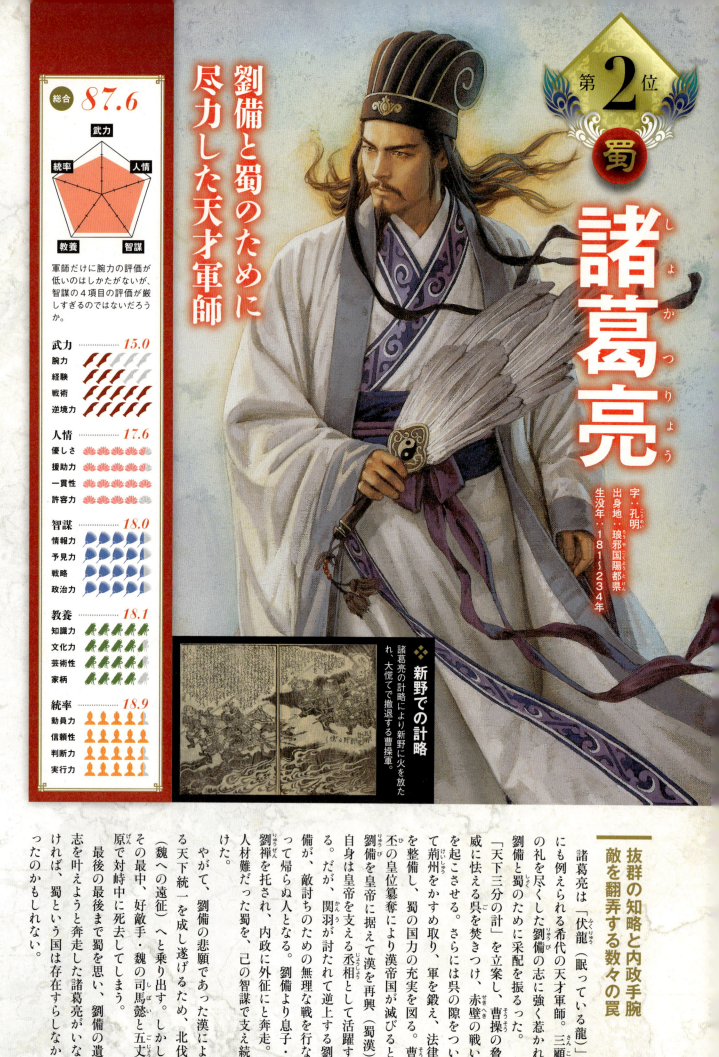

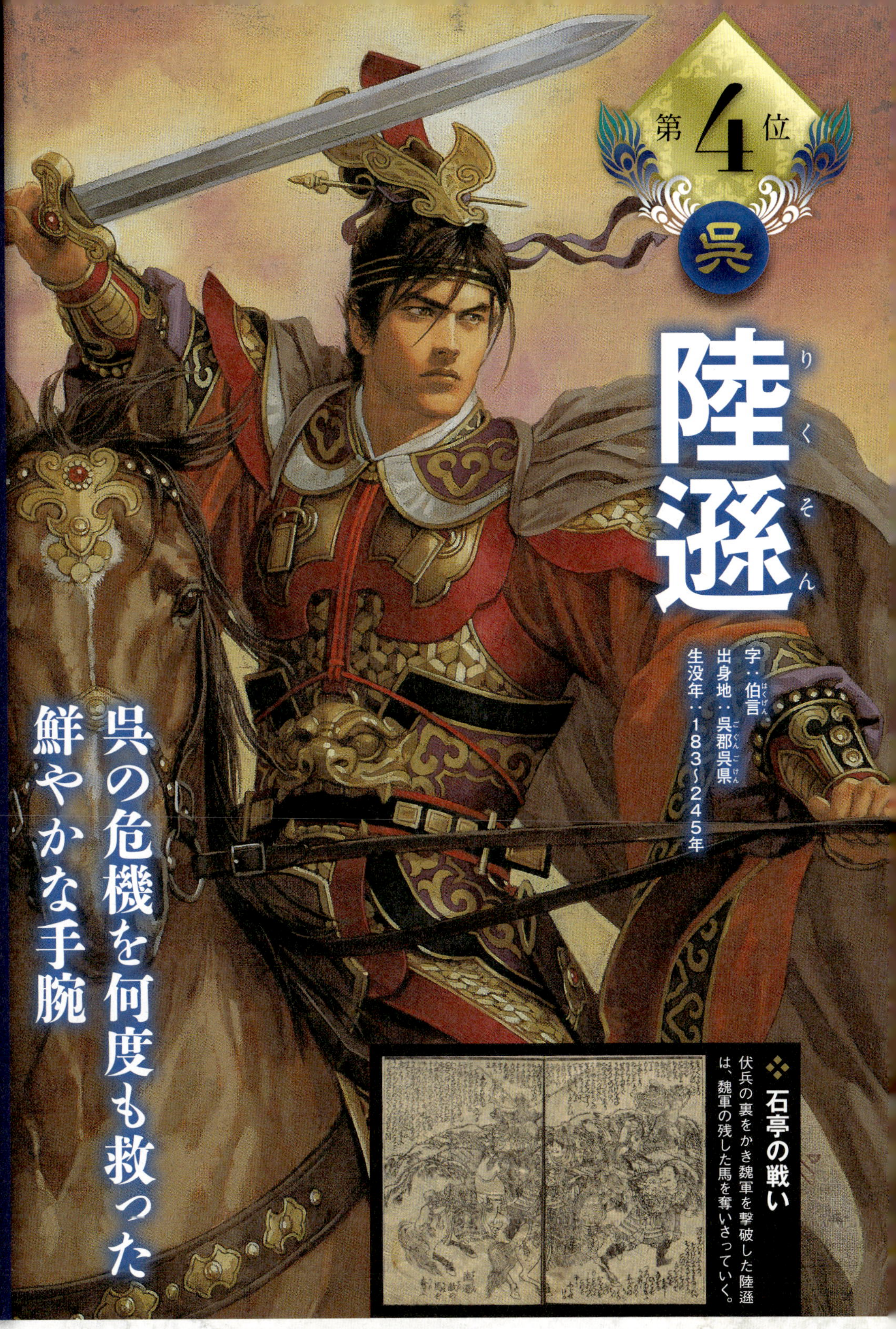

第4位

呉

陸《り》遜《くそん》

字：伯言《はくげん》
出身地：呉郡呉県《ごぐんごけん》
生没年：183〜245年

呉の危機を何度も救った鮮やかな手腕

◆石亭の戦い
伏兵の裏をかき魏軍を撃破した陸遜は、魏軍の残した馬を奪いさっていく。

総合 87.2

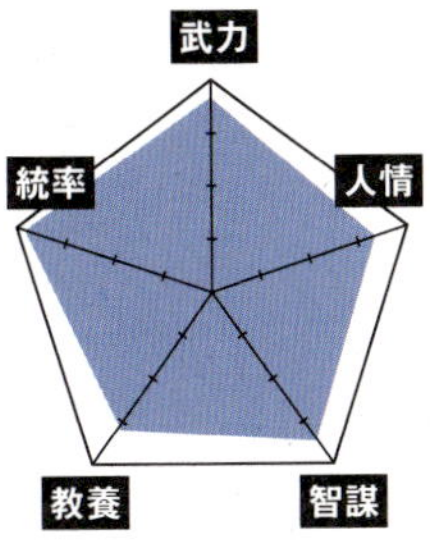

猛将ではないが、鮮やかな戦いのせいで、武力の評価が高い。教養でも知識力以外の評価が高いと上位も狙えた。

項目	評価
武力	17.9
腕力	
経験	
戦術	
逆境力	
人情	17.0
優しさ	
援助力	
一貫性	
許容力	
智謀	17.7
情報力	
予見力	
戦略	
政治力	
教養	15.3
知識力	
文化力	
芸術性	
家柄	
統率	19.3
動員力	
信頼性	
判断力	
実行力	

知将・陸遜がいる限り、孫呉に付け入る隙はない！

陸遜は、周瑜《しゅうゆ》、魯粛《ろしゅく》、呂蒙《りょもう》に続いて呉に現れた逸材だが、初期には目立った活躍はない。

陸遜の名が世に出るのは、呂蒙による荊州攻めの時だ。関羽は、歴戦の勇将・呂蒙を警戒。そのため呂蒙も動くに動けなかった。そんな中、当時はまだ無名だった陸遜が、関羽の油断を誘うために呂蒙に代わって指揮を執ることを提案。関羽も無名の若い司令官を侮り、油断したため孫呉の荊州侵攻を許してしまう。

さらに陸遜は、続く夷陵《いりょう》の戦いでその本領を発揮。陸遜はこの時、君主・孫権《そんけん》から直々に呉の大都督《ととく》を任され、蜀の大軍と対峙した。国内には、戦歴も少なく年若い陸遜の実力を侮る声も多い。だが陸遜は毅然とした態度で軍を指揮し、火計を実行。蜀を打ち破り、間髪入れずに攻めてきた魏軍に対しても、あらかじめ用意した伏兵を用いて打ち負かす。この立て続けの勝利に呉国内からだけでなく、敵国の武将達の間からも、賞賛の声が上がった。

だが、どれほど出世しても決して賄賂を受け取らず、清廉潔白でいようと努めた陸遜。納得の第4位である。

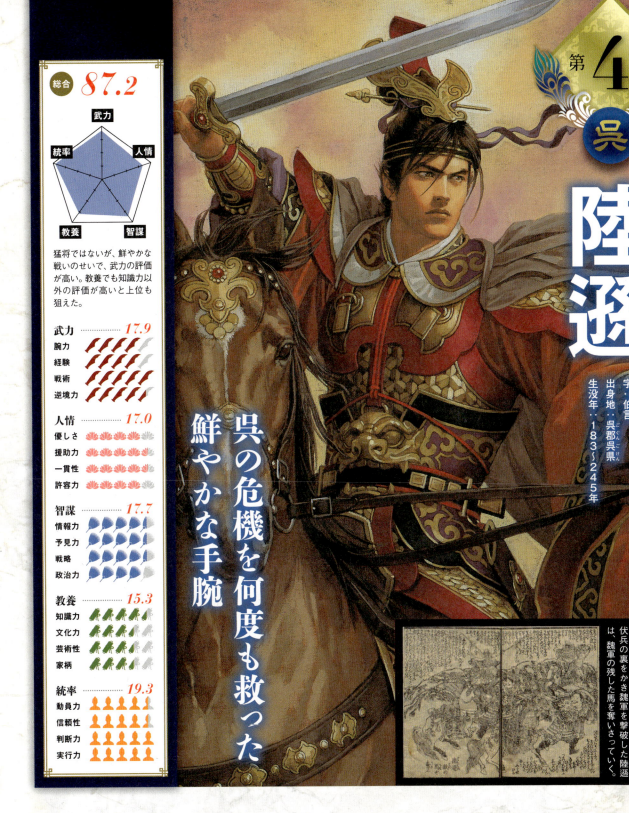

第5位

魏

曹操《そうそう》

字：孟徳《もうとく》
出身地：沛国譙県《はいこくしょうけん》
生没年：155～220年

まさに「治世の能臣・乱世の奸雄」！

総合 86.7

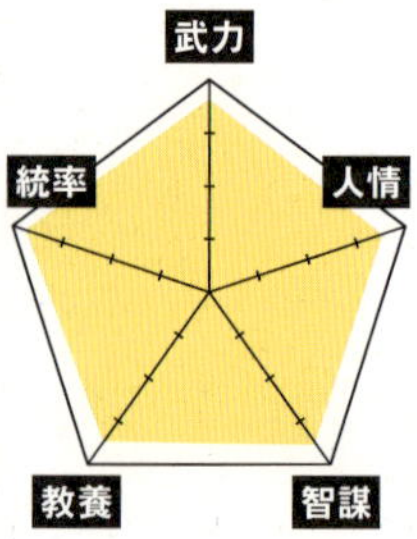

赤壁の戦いで敗れた印象が強いためか、武力の評価が伸びていない。曹操だけにやや低調な評価といえるかも。

武力 17.7
- 腕力
- 経験
- 戦術
- 逆境力

人情 17.0
- 優しさ
- 援助力
- 一貫性
- 許容力

智謀 17.0
- 情報力
- 予見力
- 戦略
- 政治力

教養 17.0
- 知識力
- 文化力
- 芸術性
- 家柄

統率 18.0
- 動員力
- 信頼性
- 判断力
- 実行力

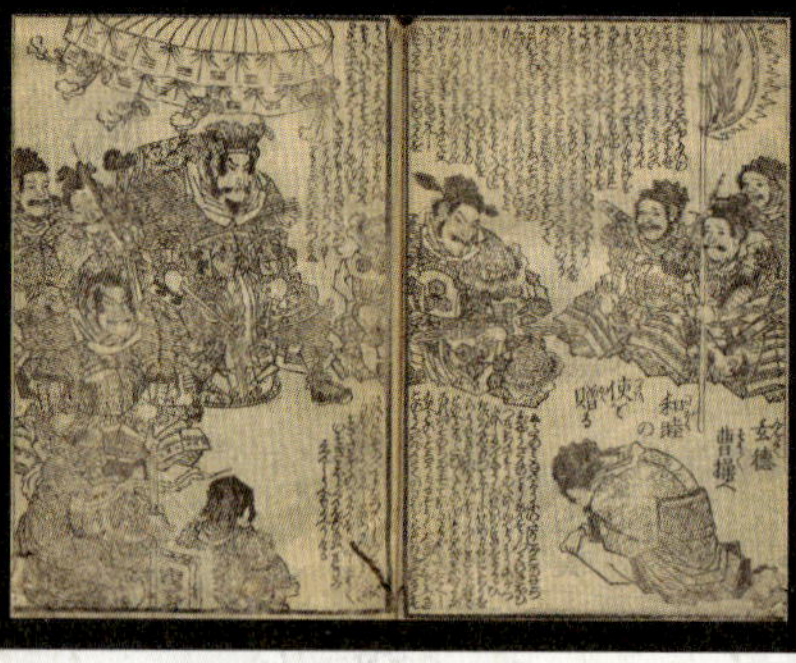

和睦の使者
父の仇を討つため徐州に進出した曹操に対し、劉備は和睦の使者を送り懐柔しようとした。

戦乱を駆け抜けた風雲児 中原を制し天下を望む！

曹操が1位でなかったことに驚きを隠せない者も多いかもしれない。「治世の能臣、乱世の奸雄」と評され、一代で漢帝国を追い詰め、魏《ぎ》王にまで登りつめた曹操が、まさかの5位だ。武将ながら軍師顔負けの知力を有し、抜群の政治力、統率力を兼ね備え、「建《けん》安文学《あんぶんがく》」を主導した詩人でもあり、さらに無類の女好き酒好きだった曹操は、まさに「英雄」の名にふさわしい。

子どもの頃から才知にあふれた曹操は、世の中が黄巾《こうきん》の乱で荒れると颯爽と立ち上がった。そして数々の功績をあげ、漢の皇帝を抱えこみ、呂布《りょふ》や袁《えん》術《じゅつ》、張繡《ちょうしゅう》などを立て続けに打ち破る。そしてついに、人生最大の戦いとなる官渡《かんと》の戦いが開始された。北方で巨大な勢力を誇った旧知・袁紹《えんしょう》との直接対決に辛くも勝利した曹操は、天下統一に王手をかけた。

その後、孫権《そんけん》・劉備《りゅうび》軍との赤壁《せきへき》の戦いで周瑜《しゅうゆ》率いる江東の水軍に手痛い敗北を喫し、さらに蜀との戦いで、猛将・夏侯淵《かこうえん》を失うが、天下統一を諦めなかった曹操はやがて魏王となる。そして後継者に嫡男・曹丕《そうひ》を指名すると、息子に後世を託して亡くなった。

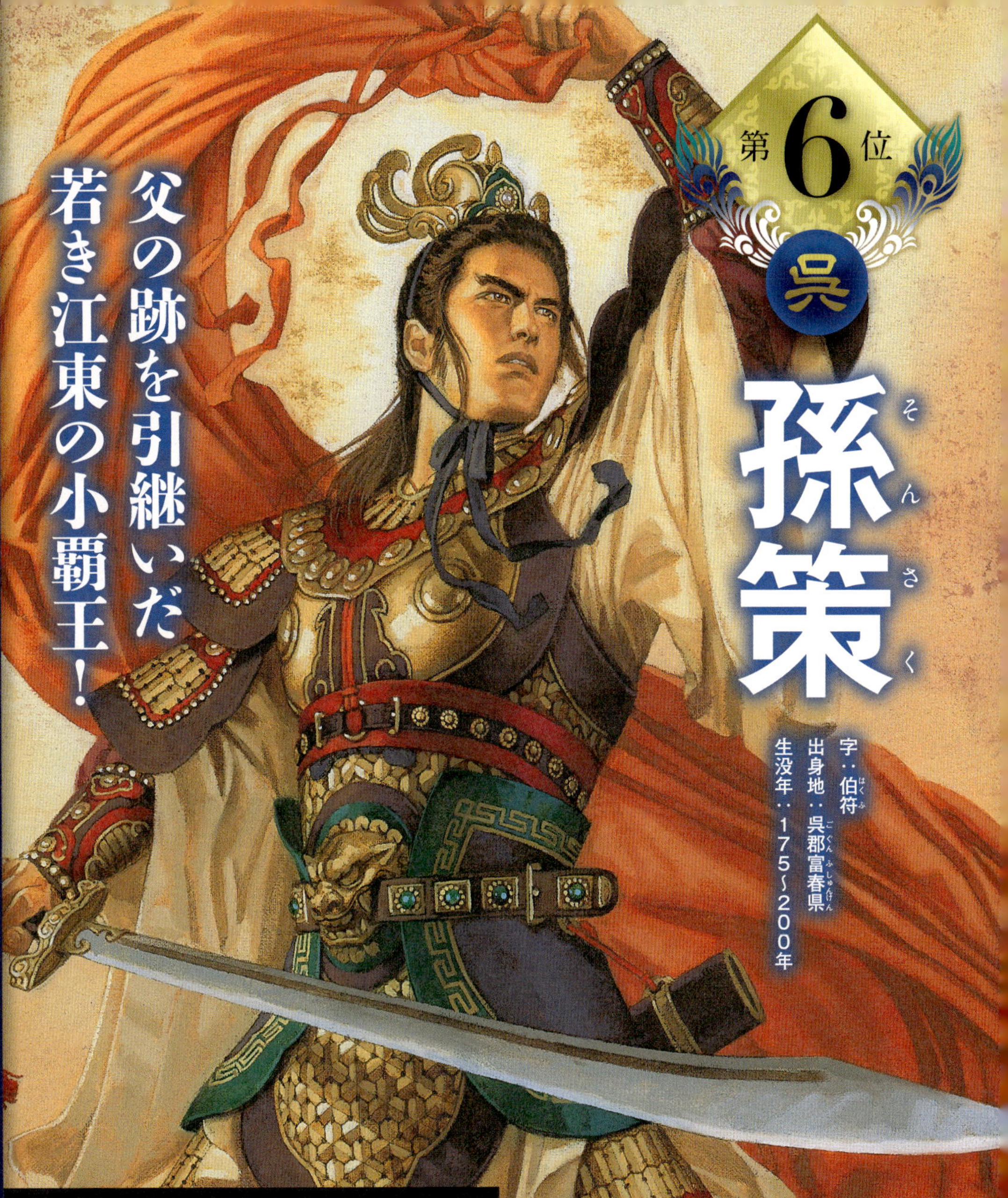

孫策《そんさく》

字：伯符《はくふ》
出身地：呉郡富春県《ごぐんふしゅんけん》
生没年：175～200年

父の跡を引継いだ若き江東の小覇王！

総合 85.7

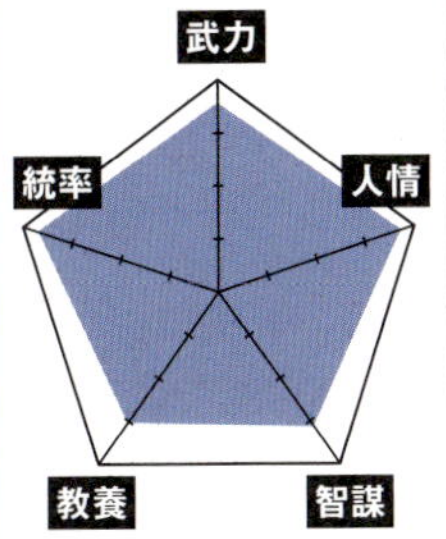

孫策の若さゆえか、経験と戦術の評価の低さが武力の足を引っ張った。だが人情は、19点と高評価を得ている。

武力 17.7
腕力
経験
戦術
逆境力

人情 19.1
優しさ
援助力
一貫性
許容力

智謀 15.3
情報力
予見力
戦略
政治力

教養 14.9
知識力
文化力
芸術性
家柄

統率 18.7
動員力
信頼性
判断力
実行力

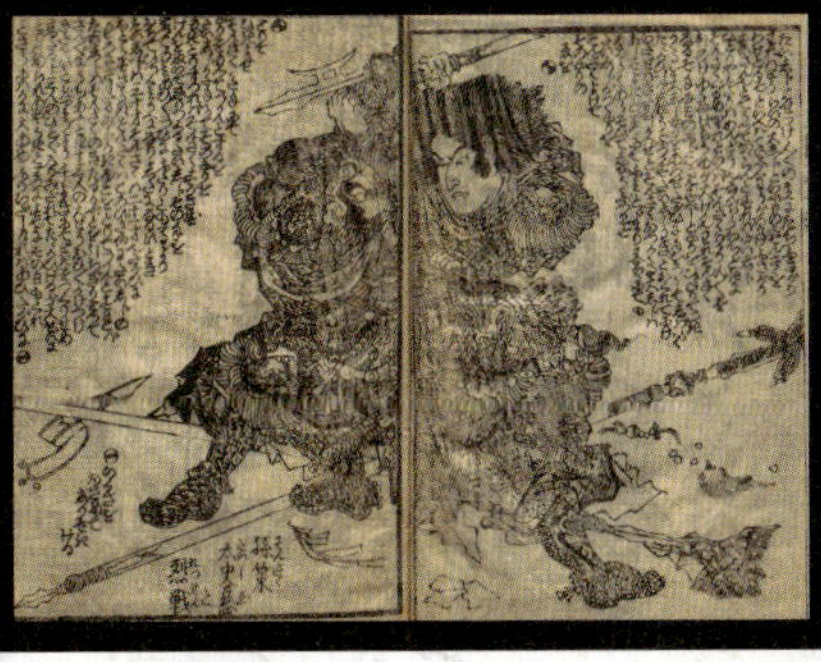

太史慈との一騎打ち
単騎、斥候に出た孫策に、敵の猛将・太史慈が襲いかかり一騎打ちとなる。

わずか17歳で頭領となり26歳で命を落とす……

江東の小覇王・孫策。呉の礎を築いた孫堅《そんけん》の長男に生まれた孫策は、子どもの頃から血気盛んなわんぱく少年だった。だが若くして父・孫堅が敵の罠に倒れると、父の残した「伝国《でんこく》の玉璽《ぎょくじ》」と引き換えに袁術から兵を借り、江東《こうとう》で挙兵。揚州《ようしゅう》をめざして進軍した。この時の孫策軍には、孫堅の武将であった程普《ていふ》や黄蓋《こうがい》、それに孫策と同じ年で臣下の礼をとった周瑜《しゅうゆ》などが加わっていた。

後の呉の核となる臣下たちが加わり、怒濤の勢いで揚州を落とした孫策は、さらに呉郡の厳白虎《げんはくこ》を撃破するなど、江東で広大な領地を手に入れた。だが領主となったからといっても安全であるとは限らない。至る所に、孫策に敗れ、恨みを抱いた反乱分子が潜んでいた。そんな中で、孫策は狩りの最中に急襲され、あわやのところを助けられたが、傷は重い。死期を悟った孫策は、枕元に弟・孫権《そんけん》を呼ぶと、「天下の群雄と戦うことにかけては、お前は俺に及ばない。だが、賢者を取り立てて江東を守ることにかけてはお前の方が優れている。外政は周瑜に、内政は張昭《ちょうしょう》に頼れ」と言い残し息を引き取った。

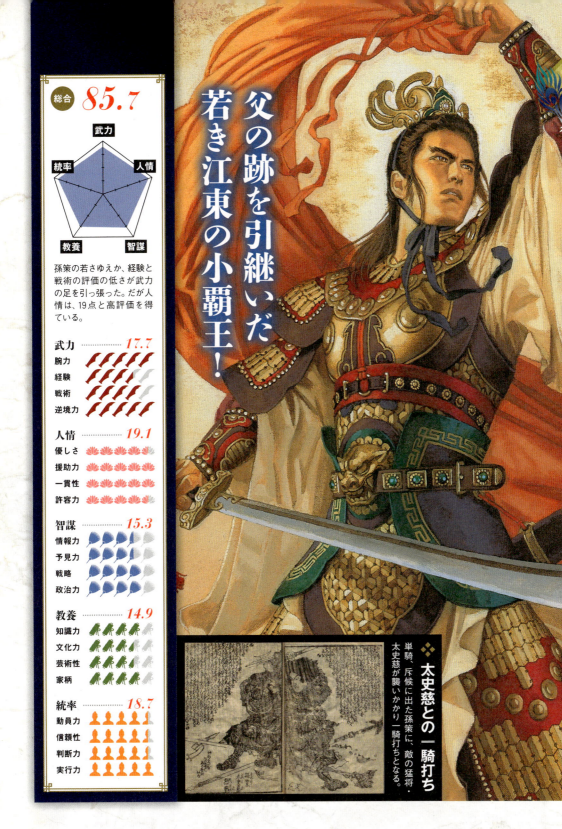

第7位

魏

張《ちょう》遼《りょう》

字：文遠《ぶんえん》
出身地：雁門郡馬邑県《がんもんぐんばゆうけん》
生没年：169～222年

呉軍を震え上がらせた鬼神の活躍！

総合 84.0

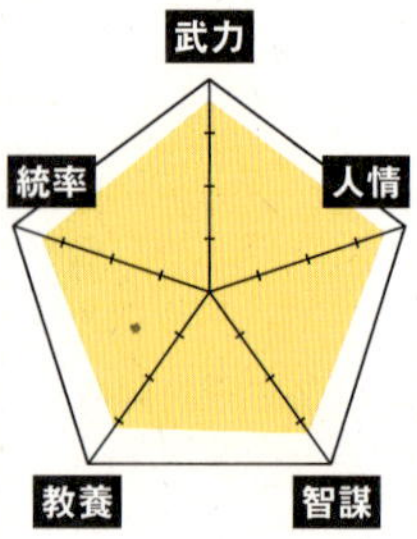

やはり武力の評価は高いが、それに引き換え統率力の評価が低い。実行力や判断力はもう少し高くてもよさそうだ。

武力 18.4
腕力
経験
戦術
逆境力

人情 17.3
優しさ
援助力
一貫性
許容力

智謀 16.1
情報力
予見力
戦略
政治力

教養 15.5
知識力
文化力
芸術性
家柄

統率 16.7
動員力
信頼性
判断力
実行力

関羽を説得する張遼
曹操軍に攻められ窮地に陥った関羽の命を惜しみ、必死に説得する張遼。

わずかな兵で大軍を倒し先回りして橋を落とす！

第7位に選ばれたのは、「泣く子も黙る」の語源にもなった張遼である。「合肥《がっぴ》の戦い」ではわずか800の魏《ぎ》兵を率いて10万の孫権《そんけん》軍を撃破。さらに寡兵を知った孫権が数に任せて張遼軍を包囲すると、今度はこの包囲網を突破する。だが味方が取り残されているのを知ると、再び囲みを破って助けに戻り、兵を救出して敵陣を蹴散らした。その強さに恐れた呉軍が逃げ出すと、先回りして退却用の橋を切り落とし、孫権を戦慄させている。この合戦がよほどのトラウマになったのか、呉軍は「張遼が来るぞ！」と言われるだけで怖気づくようになり、張遼が死の床についた後も、孫権は「あの張遼が病や傷程度で死ぬはずがない」と最後まで恐れたという。

このように活躍をみせる張遼だが、若い頃は仕える主に恵まれなかった。だが敗軍の将となるも、敵将から命を惜しまれ、呂布《りょふ》の下にいて曹操《そうそう》・劉備《りゅうび》軍と対峙した時は、関羽《かんう》の口添えで曹操に降った。このことに恩義を感じた張遼は、その後、曹操軍に攻められて窮地に陥った関羽を説得し、一時的に関羽を曹操軍に引き入れている。

第8位

蜀

劉備《りゅうび》

字：玄徳《げんとく》
出身地：涿郡涿県楼桑村《たくぐんたくけんろうそうそん》
生没年：161～223年

戦国の世に燦然と輝いた人望の持ち主

総合 83.4

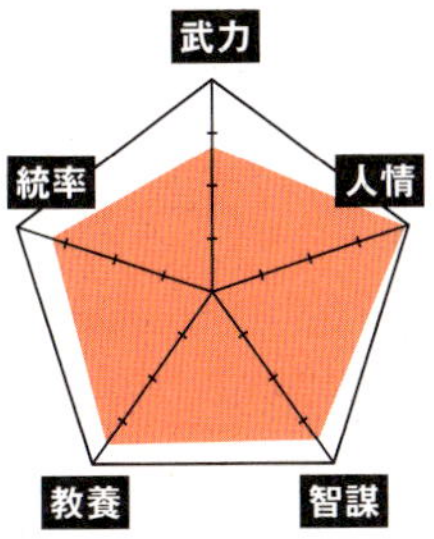

三国志で人情味溢れた人物といえば、やはり劉備以外にいないだろう。本誌でも、ほぼ満点の評価を受けている。

武力 13.0
腕力
経験
戦術
逆境力

人情 19.7
優しさ
援助力
一貫性
許容力

智謀 16.7
情報力
予見力
戦略
政治力

教養 17.7
知識力
文化力
芸術性
家柄

統率 16.3
動員力
信頼性
判断力
実行力

❖江陵を目指す劉備
劉備を慕う数十万の人民が付き従い、新野の樊城から江陵へ大移動となった。

漢の高祖・劉邦の末裔が帝国再興を目指して起つ

劉備は、言わずと知れた『三国志演義』の主人公だ。情に厚く、民衆の人気は高い。劉備が蜀《しょく》という辺境の地に国を建て、魏《ぎ》や呉《ご》と互角に渡り合えたのも、劉備の人柄によるところだろう。

劉備は漢の高祖・劉邦《りゅうほう》の血を引く家柄に生まれたが、若い頃は筵《むしろ》を売って生計を立てるほどに貧しかった。やがて漢王朝が衰えると、義兄弟の契りを結んだ関羽や張飛《ちょうひ》らと義勇軍を結成し、さらに諸葛亮《しょかつりょう》を配下に加え、呉の孫権と手を組んで赤壁《せきへき》の戦いで曹操と対決。荊州《けいしゅう》を手に入れ、益州《えきしゅう》を取り、魏によって漢王朝が滅ぼされると、蜀の地で皇帝となって漢を継承した。

皇帝となった劉備が真っ先に行なったのは、呉の呂蒙《りょもう》に殺された関羽の仇討ちだった。だがその戦いの準備中に、張飛までが部下の裏切りによって殺されてしまう。失意の劉備はなおも戦いを押し進めるが、陸遜《りくそん》の火計に大敗北し、命からがら逃げ戻った。すっかり気落ちして病に倒れた劉備は、諸葛亮に「息子・劉禅《りゅうぜん》は出来が悪い。もし君主としての度量がなければ、お主が代わりに蜀を治めてくれ」と言い残し、失意のうちに息を引き取った。

第9位

魏

司《し》馬《ば》懿《い》

字：仲達《ちゅうたつ》
出身地：河内郡温県《かだいぐんおんけん》
生没年：179～251年

諸葛亮さえ手玉に取った時代の勝利者

総合 83.1

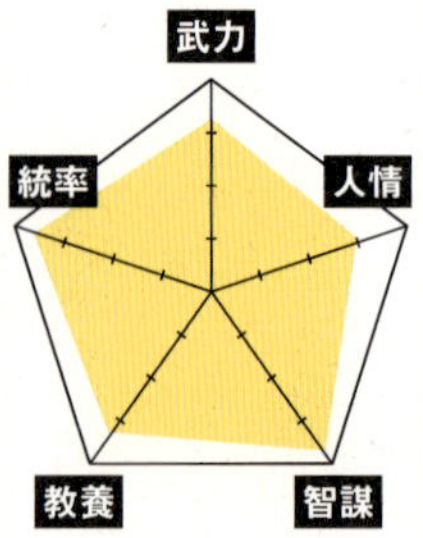

やはり司馬懿だけに智謀に関する項目の評価が高い。ただ、情報力や予見力などは、満点評価でもいいような気がする。

武力 15.7
腕力
経験
戦術
逆境力

人情 15.0
優しさ
援助力
一貫性
許容力

智謀 19.0
情報力
予見力
戦略
政治力

教養 15.7
知識力
文化力
芸術性
家柄

統率 17.7
動員力
信頼性
判断力
実行力

司馬懿の窮地
諸葛亮の策略により、あと一歩まで追い詰められた司馬懿。

主からの信頼厚き忠臣か優秀すぎる裏切り者か……

若い頃からとても優秀であった司馬懿は、出仕を望む曹操《そうそう》からの申し出を一度は断るが、怒った曹操に軍を差し向けられると仕官を決めた。そのような経緯があり、曹操からは重宝されると同時にひどく警戒された。だが曹操の嫡男・曹丕《そうひ》とは良好な関係を築き、曹操の死後には、曹丕が出陣中の中央政治を任された。

司馬懿の優秀さは、軍事面にも及び、あの諸葛亮《しょかつりょう》ですら司馬懿に勝ち切ることはできなかった。直接対決となった五丈原《ごじょうげん》の戦いでは、ひたすら持久戦にもちこみ、諸葛亮の天命が尽きるのを待った。焦った諸葛亮から、挑発のため女の服が送られてきても笑い飛ばしたという。

ただ魏《ぎ》の重臣はその優秀さを恐れ、実権を奪う。だが司馬懿は雌伏して時を待ち、見舞にやってきた朝廷からの使者には呆けたふりをして油断を誘う。そして隙を見てクーデターを起こし、専横を極める曹一族を追放。権力を奪い取った。ただ裏切り者と呼ばれるのを恐れたのか、最後まで「魏の忠臣」という立場を貫く。その死後、孫の司《し》馬炎《ばえん》が晋《しん》王朝を開いた。

第10位

蜀

趙雲《ちょううん》

老いてもなお大活躍した蜀の五虎将軍

字：子龍《しりゅう》
出身地：常山郡真定県《じょうざんぐんしんていけん》
生没年：？～229年

総合 81.8

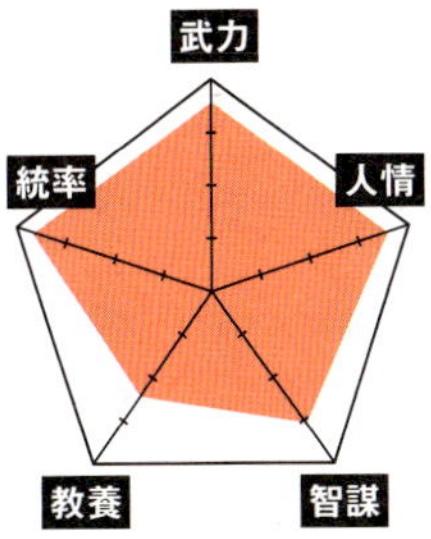

教養の項目の評価が低すぎたため、このランキングでは10位に沈んでしまった。それ以外の項目の評価は高い。

武力 18.5
腕力
経験
戦術
逆境力

人情 18.7
優しさ
援助力
一貫性
許容力

智謀 15.0
情報力
予見力
戦略
政治力

教養 11.9
知識力
文化力
芸術性
家柄

統率 17.7
動員力
信頼性
判断力
実行力

八門金鎖の陣
劉備の軍師・徐庶の策により魏の曹仁が構築した八門金鎖の陣を打ち破る。

阿斗を単騎で救出した劉備思いの誠実な武将！

趙雲といえば、まだ乳飲み子であった阿斗《あと》（劉備《りゅうび》の息子で後の劉禅《りゅうぜん》）を抱え、単騎で敵陣を突破したシーンが殊に有名だ。当時、まだ弱小勢力に過ぎなかった劉備軍が、曹操の大軍に追われて命からがら退却した「長坂《ちょうはん》の戦い」での1コマだ。返り血を浴びながらも無事に息子を連れ帰った趙雲を見て、劉備は涙ながらに「儂は息子のために大切な武将をなくすところだった」と語ったとされる。またこの活躍を見た曹操も趙雲の強さに驚き、部下に欲しがった。趙雲は真面目な性格で、破天荒な部下の多かった劉備軍にあっては地味な存在だが、その堅実な仕事ぶりには厚い信頼が寄せられていた。

さらに荊州《けいしゅう》で、幼少の劉禅を孫権《そんけん》の元に連れ去ろうとした孫尚香《そんしょうこう》（孫権の妹で劉備の妻）の動きにいち早く気づき、劉禅を取り返したのも趙雲だった。また、定軍山《ていぐんざん》の戦いでは曹操軍に包囲された蜀の老将・黄忠《こうちゅう》を単騎で救出。劉備から「趙雲は度胸の塊だ」と評された。趙雲は、劉備に忠実だが、関羽《かんう》を亡くした劉備が仇討のために無理な戦を起こそうとした時には、道理を説いて強く諫めている。

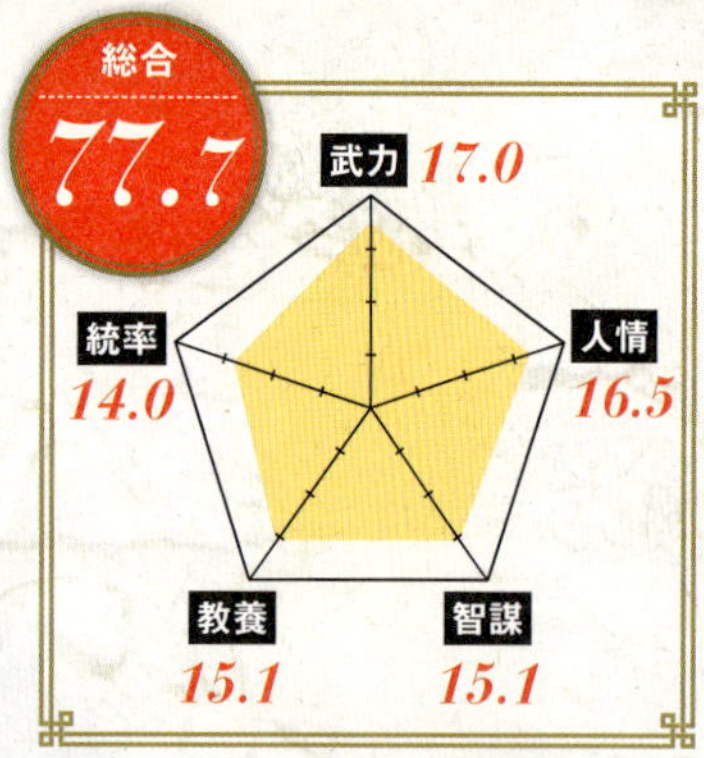

曹《そう》操《そう》がもっとも信頼した隻眼の武将。曹操とはいとこ同士で、数多い臣下たちの中で唯一、同じ馬車に乗ることや寝室に入ることが許されていた。呂布《りょふ》軍の武将に弓矢で左目を貫かれた際、「この目は両親から授かった物。捨てるわけにはいかない！」と目玉を飲み込んだエピソードはあまりにも有名。たびたび大軍を任されて奮戦しているが、ただし博望坡《はくぼうは》の戦いでは諸葛《しょかつ》亮《りょう》の策略により、痛恨の大敗。新参者の諸葛亮の引き立て役にされてしまった。最後は、曹操の後を追うようにして亡くなっている。

第12位 魏

夏侯惇《かこうとん》

字：元譲《げんじょう》
出身地：沛国譙県《はいこくしょうけん》
生没年：？～220年

第11位 呉

孫堅《そんけん》

字：文台《ぶんだい》
出身地：呉郡富春県《ごぐんふしゅんけん》
生没年：156～192年

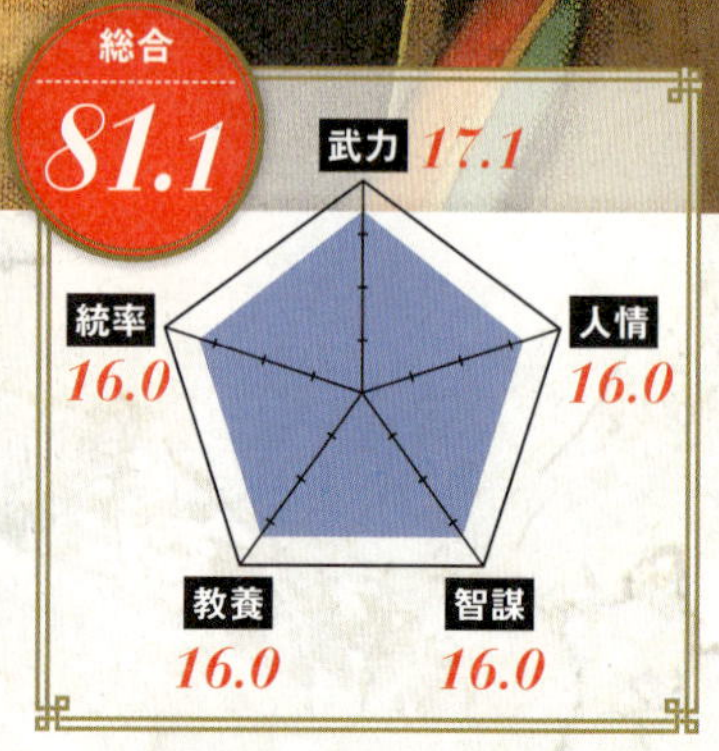

孫《そん》策《さく》や孫権《そんけん》の父親である孫堅は、乱世の中をたった一代でのし上がり、呉《ご》の礎を築いた。黄《こう》巾賊《きんぞく》や董卓《とうたく》との戦いで一躍名を挙げるが、あまりの強さに危機感を抱いた袁術《えんじゅつ》が、送るはずの兵糧を送らなかったために孫堅軍は敗北。洛陽《らくよう》の都は董卓によって焼け落ちる。失意のうちに洛陽をさまよっていた孫堅は、そこで「伝国の玉璽《ぎょくじ》」を手に入れた。だが玉璽を持って本拠地に帰る途中で劉表《りゅうひょう》軍の待ち伏せに合い敗北。その後、態勢を立て直し、船団を組み復讐戦に挑むが、勝利を間近にしながらも罠に落ち死去した。

漢帝国の復活をめざした名軍師で、「王佐の才」の持ち主。名門の家柄出身だったために知り会いが多く、有能な人材を次々に曹操に推挙した。曹操に働きかけて献帝《けんてい》を保護し、都を許昌《きょしょう》に移して交通の要所を抑え、「駆虎呑狼《くこどんろう》の計」で劉備《りゅうび》と呂布《りょふ》を争わせる。官渡《かんと》の戦いでは、巨大な袁紹《えんしょう》軍の弱点を的確に見抜いて曹操軍を勝利に導く。しかし、漢を滅ぼして自ら皇帝になろうとする曹操に反対したことから仲が険悪になり、最後は空の食盒《しょくごう》を送られ、失意の中自害した。

第14位

魏

荀彧《じゅんいく》

字：文若《ぶんじゃく》
出身地：潁川郡潁陰県《えいせんぐんえいいんけん》
生没年：163～212年

第12位

呉

甘寧《かんねい》

字：興覇《こうは》
出身地：巴郡臨江県《はぐんりんこうけん》
生没年：？～222年

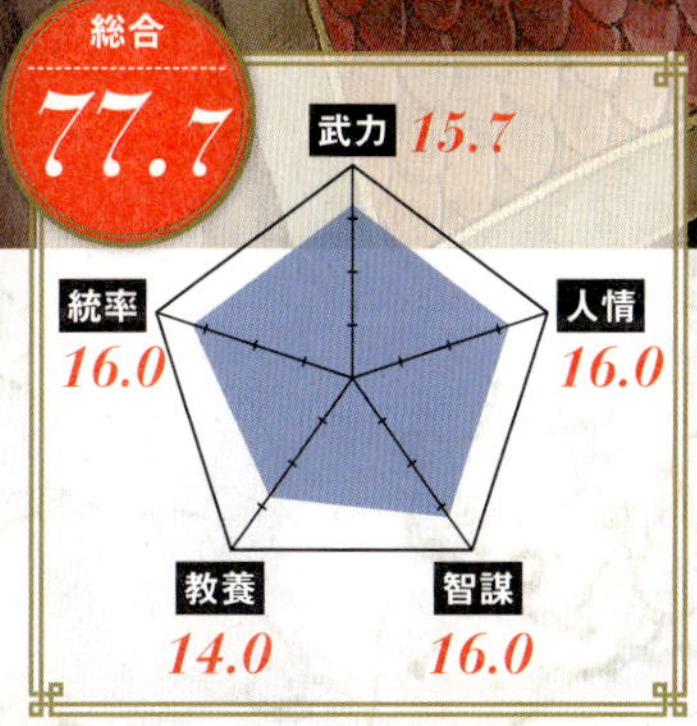

海賊の頭領をしていた勇ましい武将。その身分故に軽んじられていた甘寧を気の毒に思った蘇飛《そひ》（当時甘寧が仕えていた黄祖《こうそ》の部下）の働きかけで、孫権軍に仕えることができた。孫権の臣下となって以降は、孫軍の切り込み隊長として獅子奮迅の活躍を見せ、かつての主・黄祖軍も打ち破ったが、蘇飛から受けた恩は忘れず、孫権に命乞いをしている。親分肌で気風が良く部下たちからはとても好かれていたが、やや短気で気性の激しい面もあった。たった100人で40万の曹操軍に夜襲をかけ、見事成功させたこともある。

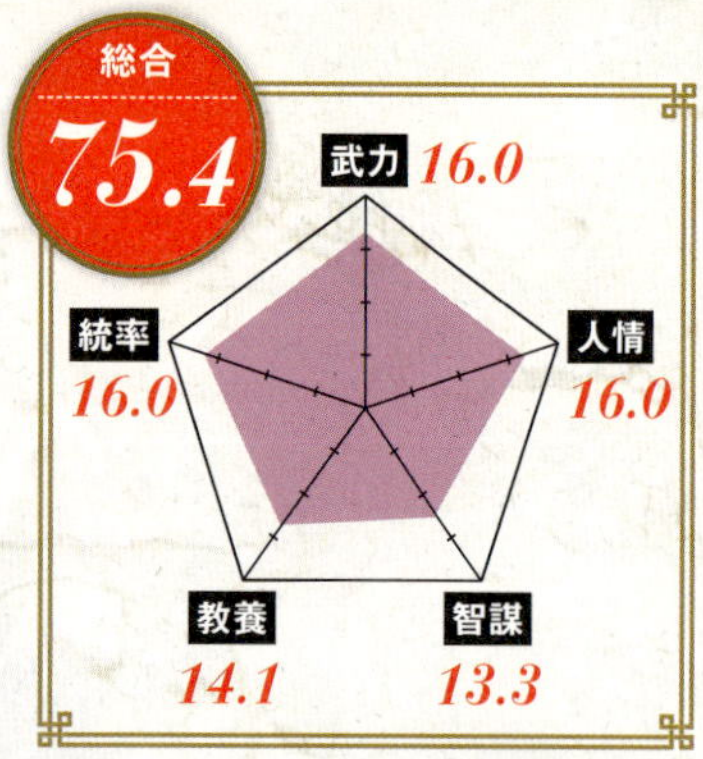

官渡《かんと》の戦いでの敗北とその後の袁《えん》家滅亡を思うと、袁紹の第16位という順位に驚く人がいるかもしれない。だが袁紹は、四世にわたり三公（後漢の最高官）を輩出した名門貴族の御曹司であり、反董卓《とうたく》連合軍の盟主となった、さらに連合軍解散後は、華北《かほく》の勢力を築いた人物だ。当時多くの人々が、次に天下を取るのは袁紹だろうと考えていただろう。袁紹には家柄だけでなくカリスマ性も才覚も武力も充分に備わっていた。だが、最後の最後で天は曹操《そうそう》に味方をした。おそらく“天命”だけが足りなかったのだ。

第16位 他

袁紹《えんしょう》

字：本初《ほんしょ》
出身地：汝南郡汝陽県《じょなんぐんじょようけん》
生没年：？～202年

第15位 蜀

黄忠《こうちゅう》

字：漢升《かんしょう》
出身地：南陽郡《なんようぐん》
生没年：？～222年

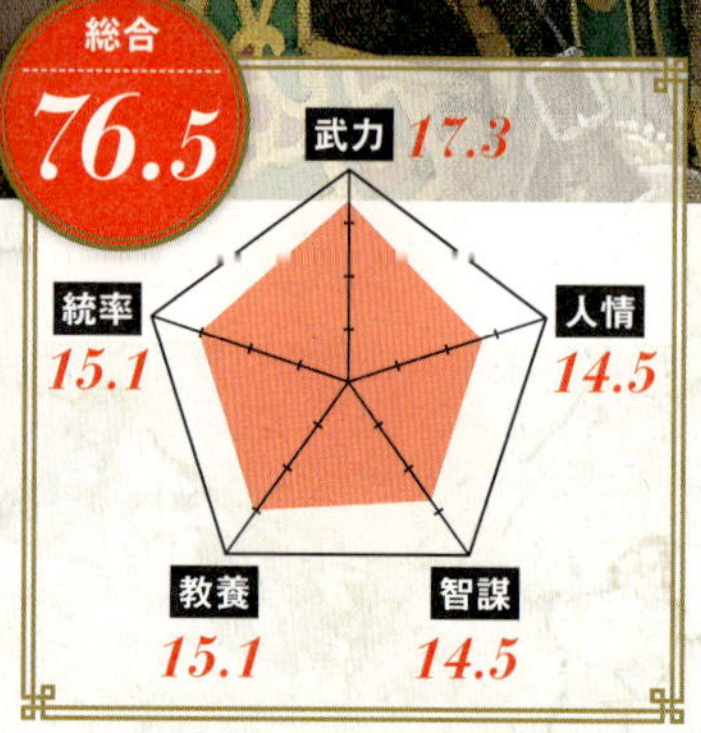

蜀《しょく》の五虎将軍のひとりにして、60歳を超えてから劉備《りゅうび》軍に参入してきた元気な老将軍。抜群の弓術の腕を持っていたが、若い頃は良い主に巡り合えず、活躍する機会に恵まれなかった。長沙《ちょうさ》を治める韓《かん》玄《げん》の下に居た時に劉備軍の侵略を受け、関羽《かんう》と一騎打ちを行なう。この時、関羽は落馬した黄忠に止めを刺さず、黄忠もその思いに応えて関羽に矢を当てなかったことから劉備軍との内通を疑われ、最終的に劉備軍に加わった。益州《えきしゅう》攻略で劉備軍の先鋒を務め、定軍山《ていぐんざん》の戦いでは魏《ぎ》の大将・夏侯淵《かこうえん》を討ち取った。最後は劉備に看取られて亡くなっている。

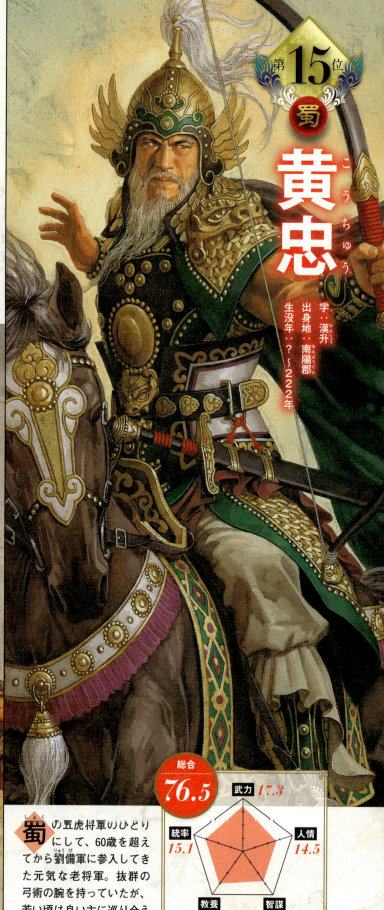

第17位 蜀

法正《ほうせい》

字：孝直《こうちょく》
出身地：右扶風郿県《ゆうふふうびけん》
生没年：176～220年

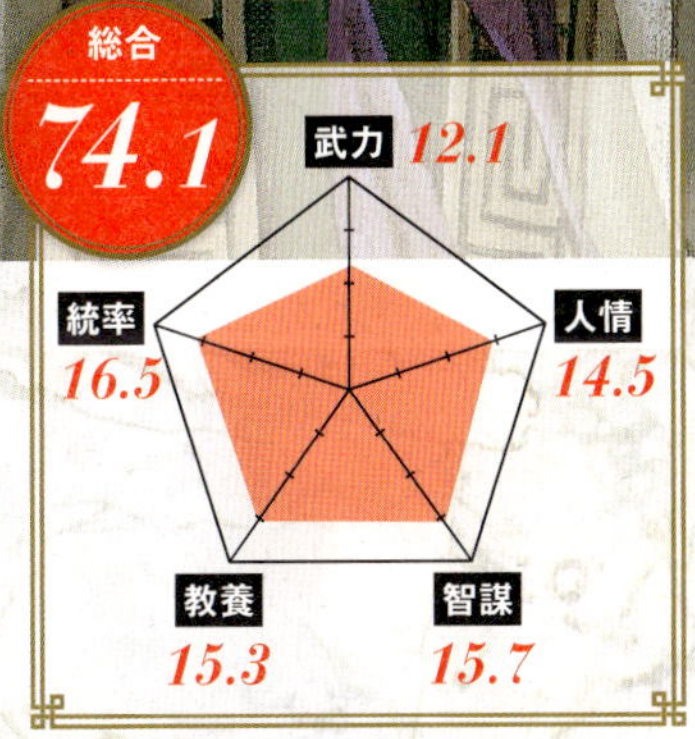

もとは劉璋《りゅうしょう》に仕えていたが、劉備に寝返った。目的のためには手段を選ばない冷徹な性格と、相手の行動を読み切る鋭い洞察力を持っており、人の良い劉備では思いもつかないような策を平然と打ち出すことが出来たとされる。定軍山の戦いでは、魏の総大将・夏侯淵を戦術により討ち取る活躍を見せ、内政面では諸《しょ》葛亮《かつりょう》らとともに「蜀科」という法律を作成。夷陵《いりょう》の戦いで蜀が大敗北した際には、方々から「法正さえ生きておれば……」と悔やまれたという。正史においては劉備が諡《おくりな》を贈った唯一の人物だ。

第18位 魏

鄧艾《とうがい》

総合	74.0	智謀	14.0
武力	16.5	教養	14.0
人情	14.0	統率	15.5

字：士載《しさい》　出身地：義陽郡棘陽県《ぎようぐんきょくようけん》　生没年：197～264年

鐘会《しょうかい》と共に蜀を滅ぼした大功労者で、地図を見ただけでどこに陣を張ればよいかわかる奇才の持ち主。姜維《きょうい》の宿敵。

第18位 魏

羊祜《ようこ》

総合	74.0	智謀	14.0
武力	14.0	教養	14.0
人情	16.0	統率	16.0

字：叔子《しゃくし》　出身地：泰山郡南城県《たいざんぐんなんじょうけん》　生没年：221～278年

晋《しん》の都督《ととく》。呉《ご》の陸抗《りっこう》とは敵同士ながらも薬や酒を贈り合う仲。心優しい性格をしており、同僚や民衆にとても慕われた。

第20位 蜀

龐統《ほうとう》

総合	73.7	智謀	15.0
武力	13.0	教養	13.7
人情	16.0	統率	16.0

字：士元《しげん》　出身地：襄陽郡《じょうようぐん》　生没年：178～213年

諸葛亮と並び称される名軍師だが、外見が悪く取り立てられるのが遅れた。赤壁《せきへき》の戦いにおける「連環《れんかん》の計」など多くの策略を立案する。

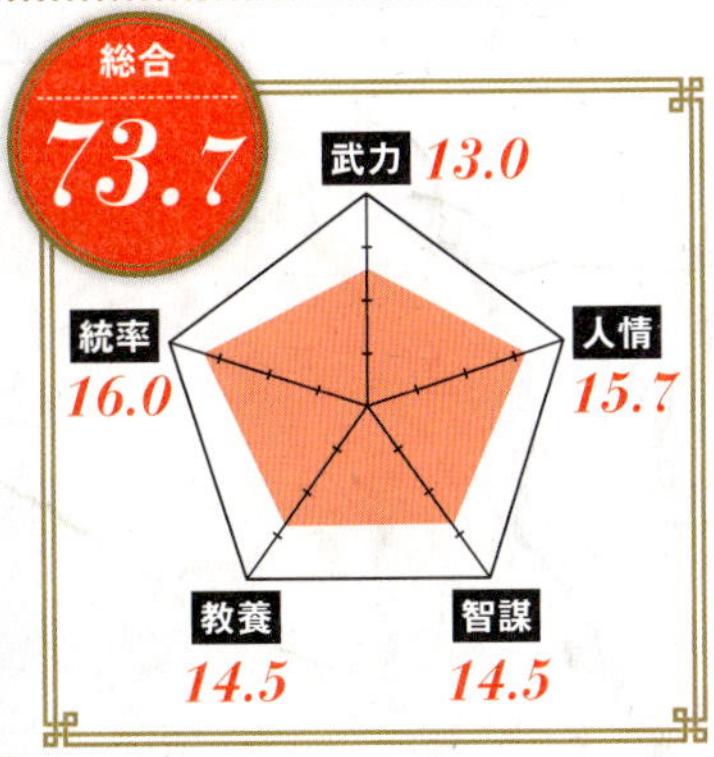

自分の後任として諸葛亮を紹介した、劉備の初代軍師。情に厚く義理堅い面があり、若い頃に友人の仇討を手伝って、投獄されている。友人の助けを借りて脱獄して以降、剣を捨ててひたすら学問に邁進。劉備の人柄に惚れこみ、軍師として仕官した際には、「八《はち》門金鎖《もんきんさ》の陣（間違った門から入ると全滅するという陣形）」を布いて攻めよせる曹仁《そうじん》を、難なく撃退した。徐庶の頭脳を恐れた曹操に、徐庶の母親を利用した罠を仕掛けられ、涙を飲んで曹操軍に降るが、曹操のためには積極的には働かなかったという。

第20位 蜀

徐庶《じょしょ》

字：元直《げんちょく》
出身地：潁川郡《えいせんぐん》
生没年：不詳

第20位 魏

曹仁《そうじん》

字：子孝《しこう》
出身地：沛国譙県《はいこくしょうけん》
生没年：168～223年

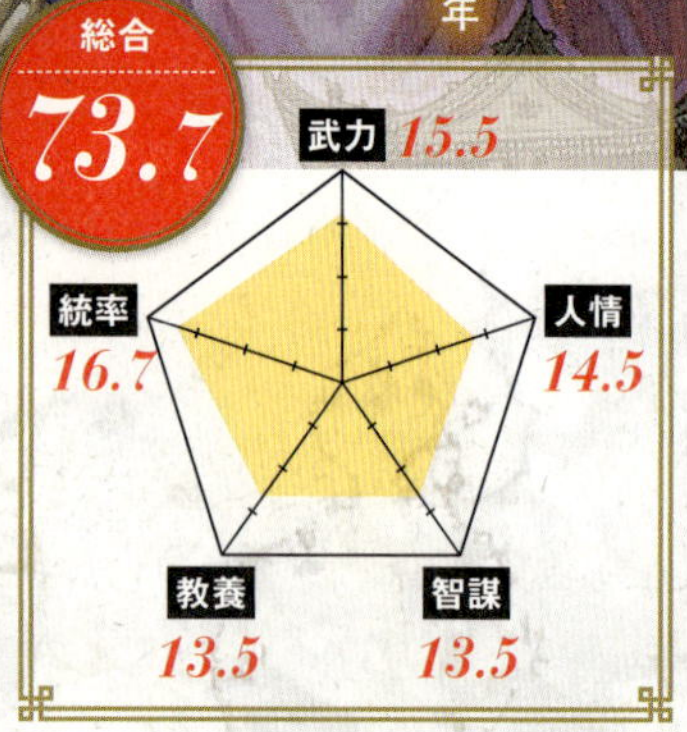

曹操のいとこで、曹操が董卓を討伐すべく旗揚げをした時から、ずっと曹操軍に加わっている。魏軍の最古参の一人で、最後は大将軍・大司馬《だいしば》にまで上り詰めた歴戦の猛者。若い頃はやや乱暴な所もあったが、次第に規律を厳格に守る立派な武将に成長した。袁術《えんじゅつ》や陶謙《とうけん》、呂布《りょふ》、張繡《ちょうしゅう》との戦いで活躍し、戦績を積んだ。官渡《かんと》の戦いでは劉備を破り、荊州の南郡攻防戦では呉《ご》の周瑜《しゅうゆ》を相手に激戦を繰り広げ、周瑜に致命傷を与えるも惜しくも敗退。樊城の戦いでは徐晃《じょこう》と協力して関羽をしのぎ、退却させている。

第24位 魏

杜預《どよ》

総合	73.3	智謀	15.1
武力	12.0	教養	15.1
人情	15.1	統率	16.0

字：元凱《げんがい》　出身地：京兆郡杜陵県《けいちょうぐんとりょうけん》　生没年：222～284年

歩く軍事倉庫と恐れられた博識の知将。「破竹の勢い」の語源にもなった人物で、晋《しん》の大軍を率いて呉を滅ぼした。

第24位 魏

曹丕《そうひ》

総合	73.3	智謀	15.1
武力	16.0	教養	15.1
人情	12.0	統率	15.1

字：子桓《しかん》　出身地：沛国譙県《はいこくしょうけん》　生没年：187～226年

曹操の嫡男。漢の皇帝から帝位を奪い、魏の初代皇帝となる。文武両道に優れ、魏国内の政治を安定させたが急逝する。

第20位 魏

徐晃《じょこう》

字：公明《こうめい》
出身地：河東郡楊県《かとうぐんようけん》
生没年：？～228年

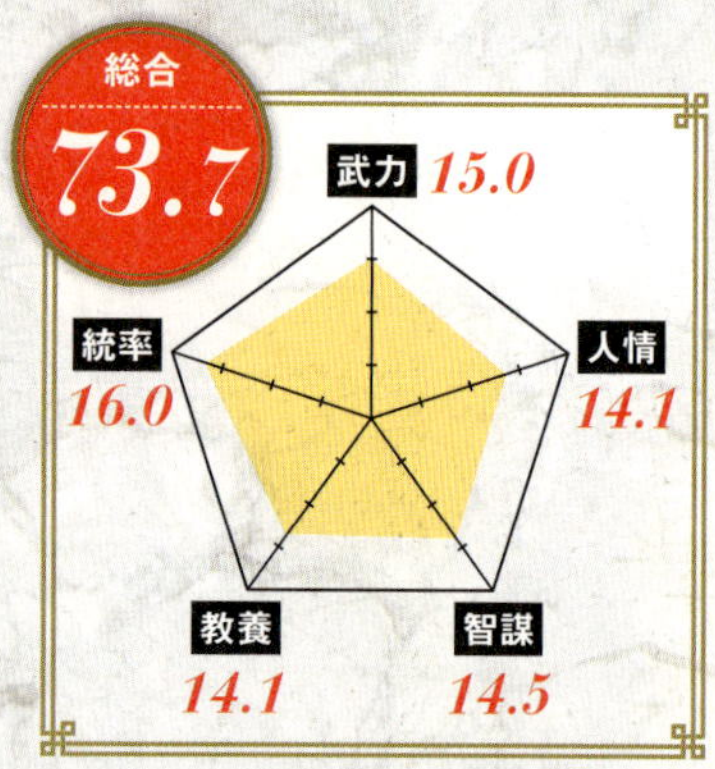

大斧を得物にする猛将。もとは董卓《とうたく》軍残党の楊奉《ようほう》の配下だったが、その勇猛さを買った曹操《そうそう》に引きぬかれた。その後は曹操軍の中核として東奔西走。曹操の下に身を寄せていた関羽《かんう》とは意気投合している。白馬《はくば》・延津《えんしん》の戦いで、袁紹《えんしょう》軍に圧倒されるが、関羽に救われ命拾いをしている。そのため、ふたりはいい友人関係を築いていたが、関羽が劉備《りゅうび》の下に去り、荊州《けいしゅう》の樊城《はんじょう》で魏《ぎ》軍と対戦した時には「個人の感情と国同士の争いは別物だ！」と言い放ち、部下を叱咤激励して関羽軍を破っている。

第26位 蜀 姜維《きょうい》

字：伯約《はくやく》
出身地：天水郡冀県《てんすいぐんきけん》
生没年：202～264年

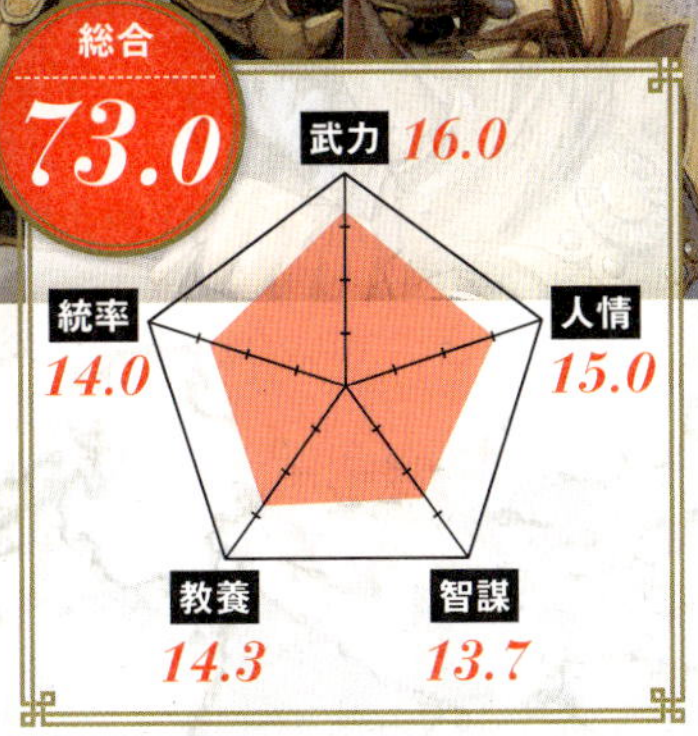

幼い頃から知勇ともに優れた麒麟児《きりんじ》。魏軍に所属して天水《てんすい》を守っていた時に、攻めてきた諸葛亮や趙雲《ちょううん》を打ち破ったことから諸葛亮にその才能を渇望され、蜀《しょく》へと引きずり込まれた。蜀では諸葛亮の後継者として、様々な物を学び取り、諸葛亮の亡き後は、その遺志を継いで再び北伐（魏へ攻め込むこと）を継続した。だが容易に成果は上がらず、逆に蜀を疲弊させる。劉禅が魏に降伏して蜀が滅亡してもなお、姜維は再び蜀を興そうとクーデターを起こしたが失敗し、最後は無念の中で涙を飲んで自害した。

第28位 呉 呂蒙《りょもう》

字：子明《しめい》
出身地：汝南郡富陂県《じょなんぐんふはけん》
生没年：178～219年

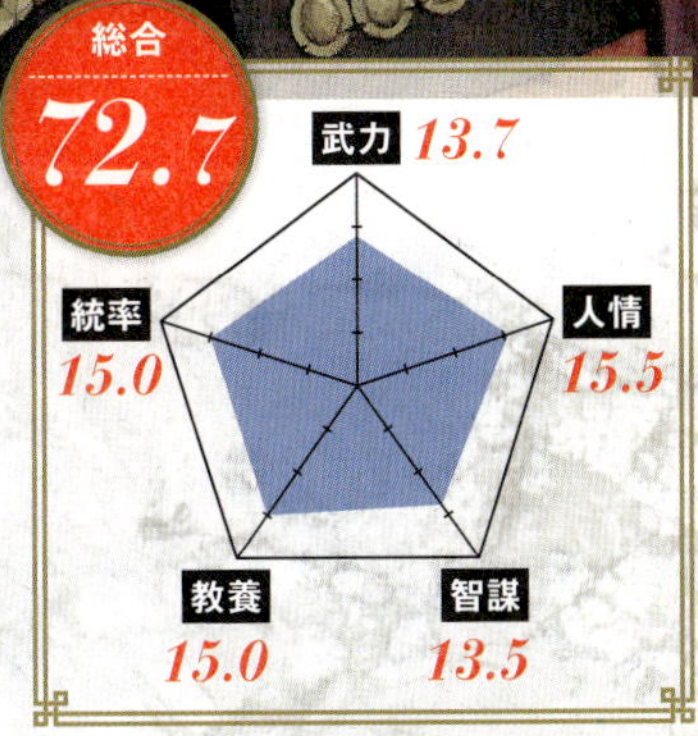

呂蒙は若くして孫権の下につき、次第に頭角を現した武将。当初は苦手としていた学問も自主的に勉強し、やがては周瑜や魯粛《ろしゅく》亡き後の呉の後事を託される名将となる。人望も厚く、甘寧《かんねい》と淩統《りょうとう》の間で起こった争いを収めるなど、孫権の窮地を救うことも多かった。そんな呂蒙の一番の功績は、なんといっても部下の陸遜《りくそん》と協力して蜀の軍神・関羽を討ち取り、呉の悲願であった荊州の攻略を成功させたことであろう。だが、その勝利の宴の最中、亡き関羽の怨霊に取り憑かれて命を落とすとは、無念極まりなかったであろう。

第26位 呉 孫権《そんけん》

字：仲謀《ちゅうぼう》
出身地：呉郡富春県《ごぐんふしゅんけん》
生没年：182～252年

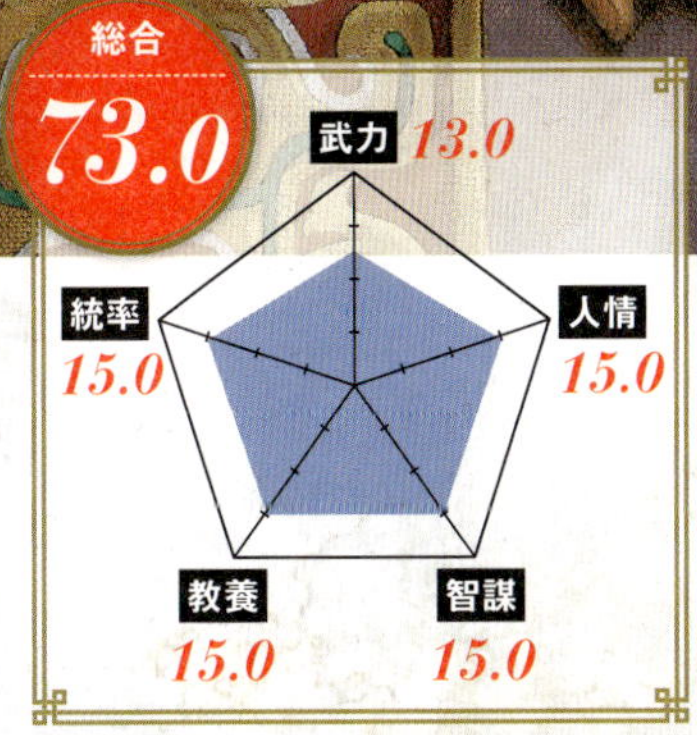

呉の初代皇帝。父・孫堅《そんけん》と兄・孫策《そんさく》が早くに亡くなったため、若くして呉の君主となった。戦に長けた父や兄とは異なり武術面ではやや劣るが、内政でその手腕を発揮した。部下から大変好かれており、皆が孫権を死にもの狂いで守り支え、呉の国力を安定させている。そのため、多くの人材が孫権の人柄や評判に惹かれて集まってきた。曹操が大軍を率いて攻めてきた際には、降伏を願う臣下たちを押し切って赤壁《せきへき》の戦いを起こし、勝利する。関羽を倒して荊州を奪い呉王朝を興すも、後継者問題を残したまま死去した。

第28位 魏 張郃《ちょうこう》

総合	72.7	智謀	14.7
武力	15.0	教養	14.0
人情	14.0	統率	15.0

字：儁乂《しゅんがい》　出身地：河間郡鄚県《かかんぐんばくけん》 生没年：？～231年

もとは袁紹《えんしょう》に仕えていたが官渡の戦いで曹操に投降。歴戦の名将で諸葛亮《しょかつりょう》の秘蔵っ子・馬謖《ばしょく》を追い払う活躍を見せた。

第31位 蜀

馬《ば》超《ちょう》

字：孟起《もうき》
出身地：扶風郡茂陵県《ふふうぐんもりょうけん》
生没年：176〜222?年

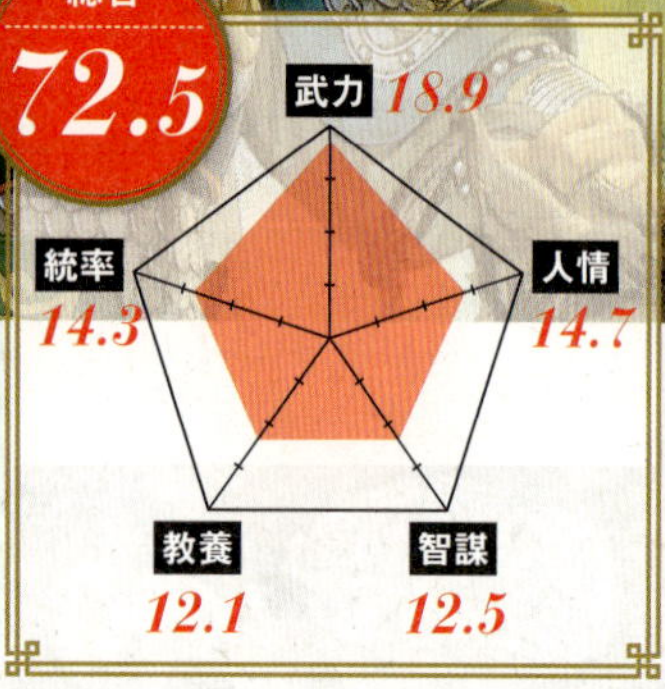

関《かん》羽《う》、張飛《ちょうひ》、趙雲《ちょううん》、黄忠《こうちゅう》と並ぶ蜀の「五虎将軍」で、曹操を暗殺しようとして一族共々殺された馬騰《ばとう》の長男。錦馬超《きんばちょう》と呼ばれる美しい容姿をしており、異民族とも積極的に交流するなど社交的な性格をしていたが、やや短気すぎるきらいもあった。曹操の下から単騎で逃れてきた馬岱《ばたい》と共に、宿敵・曹操を倒すために挙兵。実際に曹操をあと一歩の所まで追いつめたが、曹操の護衛・許褚《きょちょ》に邪魔をされ取り逃がす。敵の離間の計にはまり盟友、韓遂《かんすい》と対立したため敗北。流浪の末、劉備に帰順。

第36位 他

陳《ちん》宮《きゅう》

字：公台《こうだい》
出身地：東郡武陽県《とうぐんぶようけん》
生没年：?〜198年

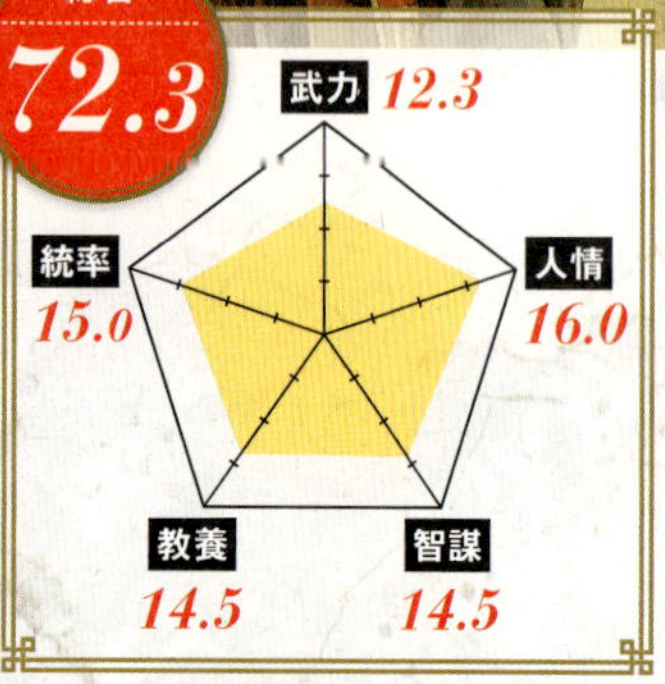

徐《じょ》州刺史《しゅうしし》の部下に父親を殺された曹操が、何の罪もない徐州の民を皆殺しにしようとした時、命を張って食い止めたのが陳宮だ。聞き入れられないと、呂布《りょふ》をけしかけて曹操の領地で反乱を起こさせた。その後は、呂布の軍師となって曹操と敵対、幾度となく曹操に煮え湯を飲ませた。だが劉備と手を組んだ曹操が迫ると、裏切り者が相次ぎ、呂布とともに捕縛されてしまう。陳宮の才を惜しんだ曹操は、部下になるように説得。だが、陳宮が申し入れを断ったため、処刑されてしまう。

第28位 呉

魯《ろ》粛《しゅく》

字：子敬《しけい》
出身地：臨淮郡東城県《りんわいぐんとうじょうけん》
生没年：172〜217年

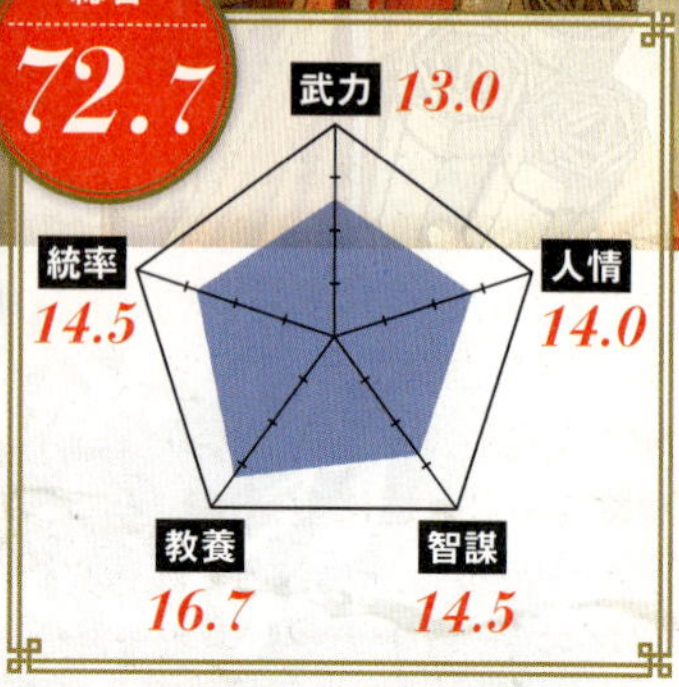

赤《せき》壁《へき》の戦いの立役者。曹操《そうそう》の大軍が呉《ご》に押し寄せてきた時、反対する群臣を押し切り、劉備《りゅうび》と手を結ぶことを孫権《そんけん》に進言。劉備の腹心・諸葛亮《しょかつりょう》を招いて、蜀《しょく》との同盟を推し進め曹操軍に対する徹底抗戦を貫いた。赤壁の戦勝後、孫権と劉備が荊州《けいしゅう》の領有をめぐり対立すると、魯粛はくり返し交渉に赴くが、その度に諸葛亮にいいようにあしらわれて周瑜《しゅうゆ》の怒りを買う。諸葛亮と周瑜の間で右往左往する、物語を代表する道化役。しかし史実では、諸葛亮よりもはるかに革新的な天下構想を提案した当代きっての名士だった。

第31位 魏

龐《ほう》徳《とく》

総合	72.5	智謀	13.5
武力	16.0	教養	14.0
人情	14.0	統率	15.0

字：令明《れいめい》　出身地：南安郡狟道県《なんあんぐんかんどうけん》　生没年：?〜219年

知勇に優れた西涼《せいりょう》の名将。もとは馬超《ばちょう》に仕えたが曹操に寝返る。最後は激闘の末に関羽《かんう》に討ち取られた。

第31位 他

孔《こう》融《ゆう》

総合	72.5	智謀	15.0
武力	10.0	教養	16.0
人情	17.5	統率	14.0

字：文挙《ぶんきょ》　出身地：魯国曲阜県《ろこくきょくふけん》　生没年：153〜208年

孔子の子孫で、幼少時から無類の学問好き。曹操とはたびたび対立。激しく誹謗《ひぼう》したため、処刑された。

第31位 魏

曹《そう》真《しん》

総合	72.5	智謀	15.0
武力	13.5	教養	14.5
人情	15.0	統率	14.5

字：子丹《したん》　出身地：沛国譙県《はいこくしょうけん》　生没年：?〜230年

将兵からの信頼が厚かった曹一族最後の名将。曹操の甥。諸葛亮の大軍を自ら迎え撃つも連戦連敗、魏《ぎ》の後事を司馬懿《しばい》に託して憤死する。

第31位 魏

荀《じゅん》攸《ゆう》

総合	72.5	智謀	16.5
武力	11.0	教養	15.0
人情	15.0	統率	15.0

字：公達《こうたつ》　出身地：潁川郡潁陰県《えいせんぐんえいいんけん》　生没年：157〜214年

荀彧《じゅんいく》の甥。曹操が非常に頼りにしていた参謀。常に思慮深く、的確に物事をこなし、腹の内に多くの計略を隠し持つといわれた。

第40位 蜀 張飛《ちょうひ》

字：翼徳《よくとく》
出身地：涿郡《たくぐん》
生没年：？～221年

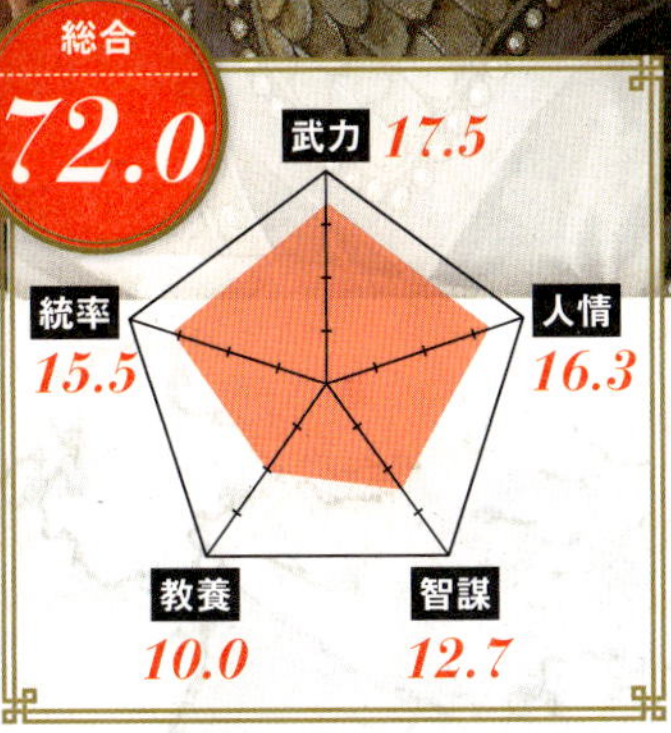

三国志を知らなくても張飛の名前とその強さは知れ渡っているのでは。劉備と桃園の誓いを結んだ義兄弟の末弟・張飛は残念ながら上位に食い込むことが出来なかった。張飛は愛用の蛇矛《だぼう》をふり回し、その生涯でおよそ20回以上の一騎打ちを行なったが一度も負けたことがない。呂布を恐れさせ、長坂《ちょうはん》では追いすがる曹操軍を橋の上から一喝。その気迫と怒鳴り声だけで、曹操軍は恐れをなして落馬したという。だが短気で部下に厳しすぎた性格が災いして最後は恨みを買い、部下に謀《はか》られ泥酔中に殺された。

第40位 呉 程普《ていふ》

字：徳謀《とくぼう》
出身地：右北平郡土垠県《ゆうほくへいぐんどぎんけん》
生没年：不詳

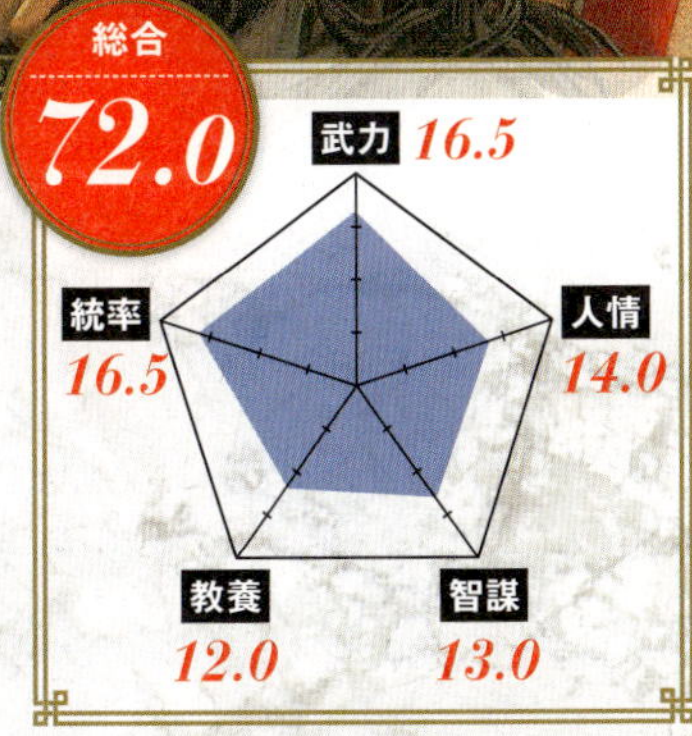

董卓《とうたく》を討つべく孫堅《そんけん》が軍を起こした時から、孫家に仕えていた宿将。孫堅の死後は孫策《そんさく》・孫権を支え、赤壁の戦いでは、そりの合わなかった周瑜に心服、副将として曹操軍を撃退する活躍をみせている。愛用の武器・鉄脊蛇矛《てっせきだぼう》を振るい常に最前線に立ち続け、袁紹《えんしょう》配下の顔良《がんりょう》や文醜《ぶんしゅう》と対峙し、さらには猛将・太史慈《たいしじ》との一騎討ちを行ない引き分けるなど、その武力には定評がある。だが、程普は個人戦闘能力が高いだけでなく、用兵能力にも優れており、周囲からは「程公」と慕われていたという。

第36位 呉 張昭《ちょうしょう》

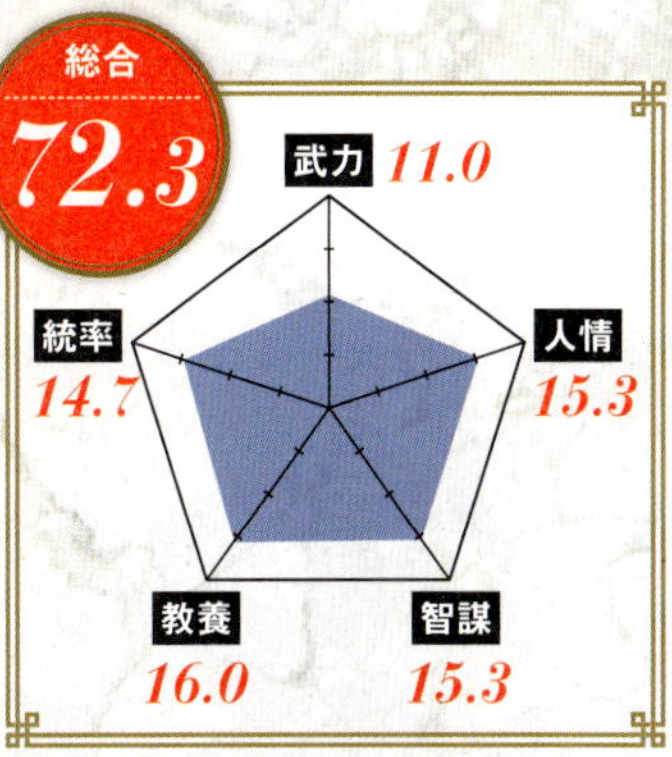

孫策《そんさく》が相談役として招いた政治家で、呉の群臣の中で大きな影響力を持つ。主君に対しても遠慮なく意見する張昭は、口うるさがられることもあったが、その知恵は大いにあてにされた。死期が近づいた孫策が、弟の孫権《そんけん》に「内政は張昭に、外政は周瑜に聞け」と言い残しているところからも張昭への信頼が見て取れるだろう。孫策亡き後は孫権を補佐、赤壁の戦いでは、降伏論の中心となるが、最終的に退けられた。正史では、権力を捨て去ったあとも政治に関わるが、演義ではそのまま表舞台から去っている。

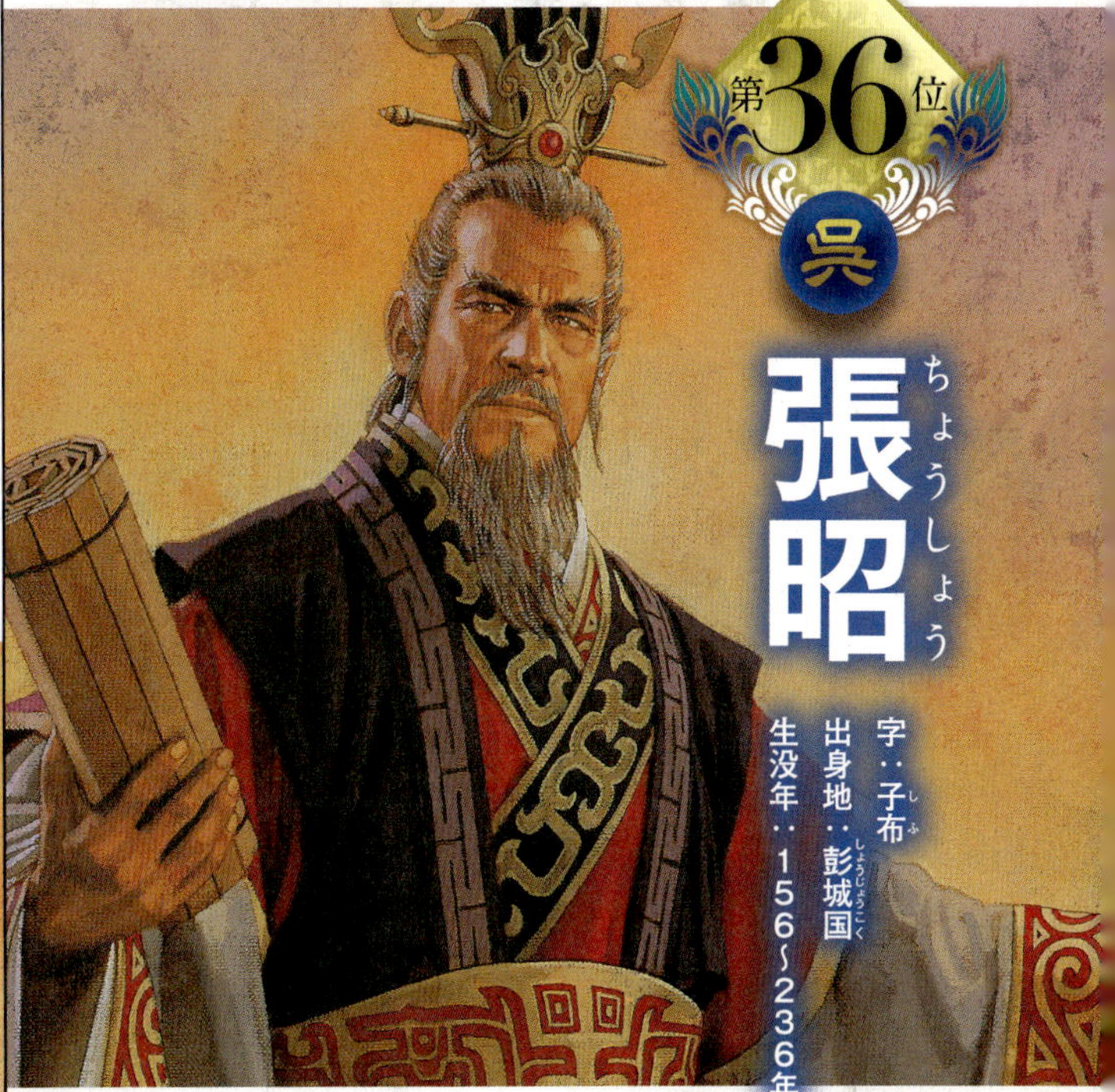

字：子布《しふ》
出身地：彭城国《しょうじょうこく》
生没年：156～236年

第36位 他 馬騰《ばとう》

総合	72.3	智謀	15.0
武力	12.0	教養	14.0
人情	16.3	統率	15.0

字：寿成《じゅせい》　出身地：右扶風茂陵県《ゆうふふうもりょうけん》生没年：？～211年

民衆に好かれ、漢王朝に対する忠義が厚い。皇帝をないがしろにする曹操を憎み、暗殺計画を練るが露見し殺害された。

第36位 魏 夏侯淵《かこうえん》

総合	72.3	智謀	14.0
武力	16.1	教養	12.1
人情	14.0	統率	16.1

字：妙才《みょうさい》　出身地：沛国譙県《はいこくしょうけん》　生没年：？～219年

瞬く間に敵陣へと押し寄せるすさまじい速さの用兵が持ち味。だが勇に逸《はや》り、蜀の罠にはまって惜しくも戦死した。

第40位 呉 丁奉《ていほう》

総合	72.0	智謀	15.5
武力	16.0	教養	13.5
人情	10.5	統率	16.5

字：承淵《しょうえん》　出身地：廬江郡安豊県《ろこうぐんあんほうけん》　生没年：？～271年

孫権の時代から孫呉末期まで活躍した名臣である。曹丕《そうひ》が来襲してきた際は、張遼を討ち取る大功を挙げ魏を退けた。

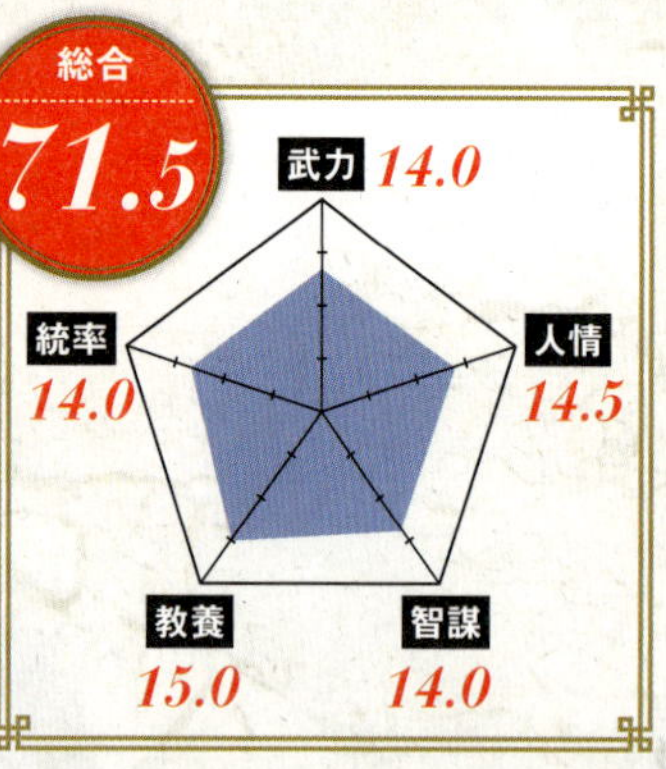

孫《そん》堅《けん》が董卓を討伐するために軍を起こした時から、孫家に仕えていた重鎮。黄蓋の活躍がなければ呉《ご》はもっと早くに滅んでいたと思われる。厳格な性格で威厳があり、部下からの信頼も厚く、孫堅、孫策《そんさく》、孫権と三代にわたって孫呉を支え続けた。統治困難な地域の長官を任されることも多く、常に的確な統治で反乱を鎮圧している。丹陽《たんよう》の軍事の長・都尉《とい》も務めた。黄蓋が大活躍した赤壁《せきへき》の戦いも、黄蓋だからこそ部下たちはついて行き、曹操は騙されたのだろう。それを思えば45位は些《いささ》か順位が低いかもしれない。

第45位 呉 黄蓋《こうがい》

字：公覆《こうふく》
出身地：零陵郡泉陵県《れいりょうぐんせんりょうけん》
生没年：不詳

第48位 他 袁術《えんじゅつ》

総合 71.3 ／ 智謀 15.5 ／ 武力 14.5 ／ 教養 15.0 ／ 人情 12.3 ／ 統率 14.0

字：公路《こうろ》　出身地：汝南郡汝陽県《じょなんぐんじょようけん》　生没年：？～199年

袁紹の弟。出世をたのみに、周囲の反対を押し切り皇帝を自称するが、人望がない上に悪政を行ない、民衆や部下から見放された。

第48位 他 文醜《ぶんしゅう》

総合 71.3 ／ 智謀 13.1 ／ 武力 16.1 ／ 教養 12.0 ／ 人情 14.0 ／ 統率 16.1

字：不詳　出身地：不詳　生没年：？～200年

顔良《がんりょう》と文醜といえば、官渡《かんと》の戦いでも活躍した袁紹軍の双璧とも言える猛将だ。だが関羽に斬られ、袁紹軍は瓦解する。

第51位 魏 李典《りてん》

総合 71.0 ／ 智謀 13.5 ／ 武力 16.0 ／ 教養 14.0 ／ 人情 13.0 ／ 統率 14.5

字：曼成《まんせい》　出身地：山陽郡鉅野県《さんようぐんきょやけん》　生没年：不詳

自身の手柄よりも国の利益を優先し、多くの魏《ぎ》将たちの補佐を務めた。合肥《がっぴ》で呉の猛将・太史慈《たいしじ》を討ち取る活躍を見せる。

第43位 他 華佗《かだ》

総合 71.7 ／ 智謀 14.0 ／ 武力 10.0 ／ 教養 16.5 ／ 人情 16.1 ／ 統率 15.1

字：元化《げんか》　出身地：沛国譙県《はいこくしょうけん》生没年：？～220年

三国時代一の名医。曹仁《そうじん》の毒矢が刺さった関羽《かんう》の腕を、麻酔無しの外科手術で見事治療したという逸話で知られる。

第43位 魏 司馬昭《しばしょう》

総合 71.7 ／ 智謀 15.0 ／ 武力 13.7 ／ 教養 15.0 ／ 人情 13.0 ／ 統率 15.0

字：子尚《ししょう》　出身地：河内郡温県《かだいぐんおんけん》　生没年：211～265年

司馬懿《しばい》の次男で司馬炎《えん》の父。曹一族から権力を奪い取り、鄧艾《とうがい》や鐘会《しょうかい》に命じ蜀《しょく》を滅ぼした晋《しん》王朝の黒幕的存在の一人。

第45位 呉 淩統《りょうとう》

総合 71.5 ／ 智謀 14.0 ／ 武力 15.5 ／ 教養 15.0 ／ 人情 13.0 ／ 統率 14.0

字：公績《こうせき》　出身地：呉郡余杭県《ごぐんよこうけん》　生没年：189年～？

孫権《そんけん》世代を代表する武将。父の敵である甘寧《かんねい》とは、後に命を救われた恩により、親交を結んだ。

第45位 他 田豊《でんほう》

総合 71.5 ／ 智謀 15.0 ／ 武力 11.0 ／ 教養 16.0 ／ 人情 14.0 ／ 統率 15.5

字：元皓《げんこう》　出身地：鉅鹿郡《きょろくぐん》　生没年：？～200年

恐るべき軍略を持った天才軍師だが、主・袁紹《えんしょう》に献策を悉《ことごと》く採用されず自殺する。もし違う主に仕えていれば……。

第48位 魏 賈詡《かく》

字：文和《ぶんわ》
出身地：武威郡姑臧県《ぶいぐんこぞうけん》
生没年：147～223年

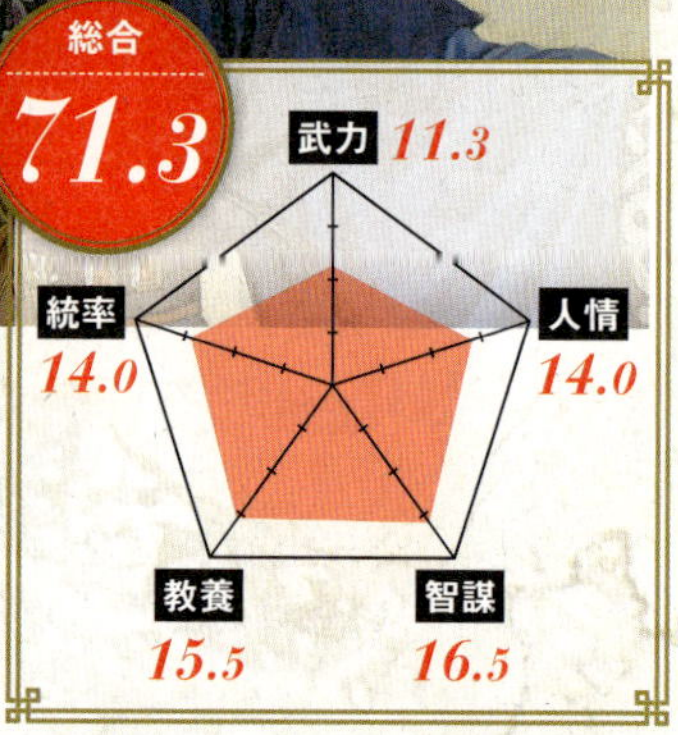

若い頃は、ただ役所勤めに励むだけの目立たない存在だったが、抜群の処世術と的確な知略で勝利をもたらす名参謀となる。最初は董卓《とうたく》の部下・李傕《りかく》の軍師となり、その後は主を替えて張繡《ちょうしゅう》の軍師となった。張繡の軍師として、持ち前の知恵を駆使し、曹操《そうそう》を2度も打ち破る武功を上げた。曹操と袁紹《えんしょう》が天下統一をかけた戦いを始めると、賈詡は張繡に曹操へつくことを進言。曹操軍の軍師となり、潼関《どうかん》の戦いでの離間の計などを献策、その活躍ぶりから曹操に、「打つ手に失策なし」と称えられている。

第57位 蔡瑁《さいぼう》
魏

総合	70.5	智謀	15.5
武力	12.0	教養	15.5
人情	13.0	統率	14.5

字：徳珪《とくけい》　出身地：襄陽郡《じょうようぐん》　生没年：不詳

高い水軍指揮能力を誇るもと劉表《りゅうひょう》の配下。曹操に投降するが、赤壁の戦いで周瑜の計略にはまり、曹操に処刑された。

第57位 劉表《りゅうひょう》
他

総合	70.5	智謀	14.0
武力	12.5	教養	16.0
人情	15.0	統率	13.0

字：景升《けいしょう》　出身地：山陽郡高平県《さんようぐんこうへいけん》　生没年：142〜208年

荊州牧《けいしゅうぼく》。学問には優れるが、優柔不断な一面を持つ。劉備を保護し、対曹操軍の前線に据えたが、後継者問題を抱えたまま病死。

第59位 郭嘉《かくか》
魏

総合	70.3	智謀	15.7
武力	12.0	教養	16.0
人情	13.3	統率	13.3

字：奉孝《ほうこう》　出身地：潁川郡陽翟県《えいせんぐんようせんけん》　生没年：170〜207年

赤壁の戦いで大敗した曹操に「奉孝（郭嘉）さえ生きていれば､この敗北はなかったに違いない！」と言わしめた大軍師。早世したために、曹操に惜しまれた。人を見る目に長けており、敵の弱点を見破っては曹操に発破をかける。郭嘉が長生きしていれば三国時代はなかったかも!?

第60位 太史慈《たいしじ》
呉

総合	69.7	智謀	12.1
武力	17.5	教養	12.1
人情	14.0	統率	14.0

字：子義《しぎ》　出身地：東莱郡黄県《とうらいぐんこうけん》　生没年：166 〜206年

城壁にいる敵兵を過《あやま》たず射抜く弓の腕と、敵兵数万による囲みの中をたった一人で駆け抜ける武力を持った猛将。敵として出会った孫策と苛烈極まる一騎打ちを行なって、後に孫策の部下となる。合肥の戦いで張遼《ちょうりょう》の計略にかかって傷を負い、本懐を遂げられぬまま死亡した。

第61位 司馬師《しばし》
魏

総合	68.3	智謀	15.0
武力	12.0	教養	14.3
人情	12.0	統率	15.0

字：子元《しげん》　出身地：河内郡温県《かだいぐんおんけん》　生没年：208〜255年

司馬懿の長男として父の計画したクーデターに参加し、鮮やかな手並みで魏から実権を奪い取る。目の病で若死した。

第62位 曹植《そうしょく》
魏

総合	68.0	智謀	12.0
武力	12.0	教養	16.0
人情	16.0	統率	12.0

字：子建《しけん》　出身地：沛国譙県《はいこくしょうけん》　生没年：192〜232年

三曹のひとりとして名を成した曹家の三男。父・曹操に溺愛されたことで、嫡男・曹丕《そうひ》との跡目争いに巻き込まれ敗北した。

第51位 張角《ちょうかく》
他

字：不詳
出身地：鉅鹿郡《きょろくぐん》
生没年：?〜184年

三国志演義のオープニングを飾る事件「黄《こう》巾《きん》の乱」において、漢王朝を揺るがした黄巾賊のリーダーで太平道の教祖。張角を始め、信者が頭に黄色い布を巻いて戦ったところから黄巾賊と呼ばれている。張角は山で仙人から「太平要術」という書物を貰い受けて仙術を学び、病に苦しむ人々を癒したので、漢王朝に強い不満を抱く民衆の爆発的な支持を得た。これに対し黄巾鎮圧のために立ち上った者の中に曹操や劉備がいた。「蒼天すでに死せり、黄天まさに立つべし」が黄巾賊のスローガン。

第53位 闞沢《かんたく》
呉

総合	70.7	智謀	14.0
武力	13.7	教養	14.0
人情	14.0	統率	15.0

字：徳潤《とくじゅん》　出身地：会稽郡山陰県《かいけいぐんさんいんけん》　生没年：？〜 243年

貧しさの中から学識と度胸と人を見る目を武器に出世した人物。赤壁の戦いでは曹操を欺き、黄蓋の偽降を成功させた。

第53位 諸葛瑾《しょかつきん》
呉

総合	70.7	智謀	15.0
武力	12.0	教養	14.0
人情	15.0	統率	14.7

字：子瑜《しゆ》　出身地：琅邪郡陽都県《ろうやぐんようとけん》　生没年：174 〜 241年

「蜀は龍（諸葛亮《りょう》）を得、呉は虎（諸葛瑾）を得た」と言われた諸葛亮の兄。孫権から絶大なる信頼を寄せられた。

第53位 徐盛《じょせい》
呉

総合	70.7	智謀	14.0
武力	13.5	教養	13.0
人情	15.1	統率	15.1

字：文嚮《ぶんきょう》　出身地：瑯邪国莒県《ろうやこくきょけん》　生没年：不詳

気骨あふれる孫呉の将軍。主である孫権が軽んじられるのを見て悔し涙を流すなど、忠誠心に厚い武将。

第53位 顔良《がんりょう》
他

総合	70.7	智謀	14.0
武力	15.5	教養	11.7
人情	14.0	統率	15.5

字：不詳　出身地：瑯邪国《ろうやこく》　生没年：？〜 200年

文醜と共に袁紹軍を支えた勇将。猛将・徐晃《じょこう》を追い返すほどの武力がある。しかし最期は、関羽の一刀のもとに討ち取られた。

第71位 公孫瓚《こうそんさん》

他

総合	64.5	智謀	12.0
武力	14.0	教養	13.5
人情	11.5	統率	13.5

字：伯珪《はくけい》　出身地：遼西郡令支県《りょうせいぐんれいしけん》　生没年：？～199年

白馬のみでそろえた騎馬隊「白馬義従」の精強さで鳴らした群雄のひとり。河北《かほく》の支配権をめぐって袁紹と争ったが、民衆に人気の高かった劉《りゅう》虞《ぐ》（漢の皇族で元・幽州《ゆうしゅう》刺《し》史《し》）を殺したことで人望を失い最後は袁紹に敗れて自害する。劉備とは、ともに盧植《ろしょく》の下で学んだ同門。

第72位 張魯《ちょうろ》

他

総合	63.7	智謀	13.0
武力	11.1	教養	13.3
人情	15.0	統率	11.3

字：公祺《こうき》　出身地：沛国豊県《はいこくほうけん》　生没年：？～ 216年

五斗米道《ごとべいどう》の指導者として広く民衆の心を掴み、漢中で独立勢力を築いた。善良で主としての度量もある。

第72位 孟獲《もうかく》

他

総合	63.7	智謀	13.0
武力	16.3	教養	10.3
人情	11.0	統率	13.1

字：不詳　出身地：不詳　生没年：生没年不詳

蜀の南方・南蛮の王。諸葛亮に７回叛旗を翻しては捕まり釈放される。７度目でやっと蜀に服従した、憎めない人物。

第74位 貂蟬《ちょうせん》

他

総合	62.7	智謀	15.3
武力	5.0	教養	15.3
人情	16.1	統率	11.0

字：不詳　出身地：不詳　生没年：不詳

董卓《とうたく》と呂布《りょふ》を仲違いさせるため王允《おういん》が送り込んだ絶世の美女。漢のため、父のため董卓を籠絡し、呂布を手玉に取った。

第75位 諸葛瞻《しょかつせん》

蜀

総合	62.3	智謀	10.0
武力	12.0	教養	14.0
人情	14.3	統率	12.0

字：思遠《しえん》　出身地：琅邪郡陽都県《ろうやぐんようとけん》生没年：227～263年

諸葛亮の嫡男として、最後まで蜀の国に忠義を尽くした。負け戦にもひるまず戦い、最後は蜀のために戦死する。

第76位 馬良《ばりょう》

蜀

総合	62.0	智謀	13.0
武力	10.5	教養	14.0
人情	12.5	統率	12.0

字：季常《きじょう》　出身地：襄陽郡宜城県《じょうようぐんぎじょうけん》　生没年：？～？年

馬謖《ばしょく》の兄で、眉は白い。白眉の語源。優秀で知られる馬氏五兄弟のうちで、もっとも優秀だった。劉備の参謀として活躍した。

第77位 劉焉《りゅうえん》

他

総合	61.7	智謀	11.3
武力	12.1	教養	12.0
人情	14.0	統率	12.3

字：君郎《くんろう》　出身地：江夏郡竟陵県《こうかぐんきょうりょうけん》　生没年：？～194年

劉璋《りゅうしょう》の父。義勇兵を率いてやってきた劉備を歓迎し、三国時代の幕開けを演出する。後に、益州《えきしゅう》に独立勢力を築く。

第63位 虞翻《ぐほん》

呉

総合	67.7	智謀	13.1
武力	10.9	教養	16.3
人情	13.1	統率	14.3

字：仲翔《ちゅうしょう》　出身地：会稽郡余姚県《かいけいぐんよようけん》　生没年：生没年不詳

王朗《おうろう》を見限り孫家に仕える。諸葛亮《しょかつりょう》との舌戦では、あっさり論破された。傅士仁《ふしじん》を説き伏せ、呉《ご》に降らせる。

第64位 鄭玄《じょうげん》

他

総合	67.5	智謀	15.5
武力	8.0	教養	16.0
人情	13.0	統率	15.0

字：康成《こうせい》　出身地：北海郡高密県《ほっかいぐんこうみつけん》　生没年：127～200年

中国史上にて、朱子（1130 ～ 1200年）と双璧をなす大儒学者。劉《りゅう》備《び》に頼まれて袁紹《えんしょう》への紹介状を書き、両者に同盟を結ばせた。

第65位 鍾会《しょうかい》

魏

総合	67.0	智謀	14.0
武力	14.5	教養	15.5
人情	10.0	統率	13.0

字：士季《しき》　出身地：潁川郡長社県《えいせんぐんちょうしゃけん》　生没年：225 ～ 264年

神童だったが、性格に難があった。蜀漢平定の功労者。しかし直後に、姜維《きょうい》にそそのかされて反乱を起こすも失敗。

第66位 陶謙《とうけん》

他

総合	66.7	智謀	13.5
武力	7.5	教養	15.5
人情	14.3	統率	15.9

字：恭祖《きょうそ》　出身地：丹陽郡《たんようぐん》　生没年：132 ～ 194年

気骨のある徐州牧《じょしゅうぼく》。部下の不手際で曹操《そうそう》の恨みを買い、大虐殺を被った。その危機を救ってくれた劉備《りゅうび》に徐州を譲った。

第67位 張任《ちょうじん》

他

総合	66.3	智謀	14.1
武力	14.0	教養	11.0
人情	12.1	統率	15.1

字：不詳　出身地：蜀郡《しょくぐん》　生没年：？～ 214年

文武に優れた将軍で、落鳳坡《らくほうは》で龐統《ほうとう》を射殺した。諸葛亮に敗れた後も、最後まで劉璋《りゅうしょう》に忠節を誓ったまま、処刑された。

第68位 周泰《しゅうたい》

呉

総合	65.7	智謀	12.3
武力	15.3	教養	10.0
人情	14.0	統率	14.1

字：幼平《ようへい》　出身地：九江郡下蔡県《きゅうこうぐんかさいけん》　生没年：不詳

盗賊をやめて孫策《そんさく》に仕えた叩き上げの武将。後には護衛として常に孫権《そんけん》の傍に控え、多くの傷を受けながらも孫権を守った。

第69位 曹彰《そうしょう》

魏

総合	65.5	智謀	13.0
武力	14.0	教養	11.5
人情	13.0	統率	14.0

字：子文《しぶん》　出身地：沛国譙県《はいこくしょうけん》　生没年：？～ 223年

曹丕《そうひ》の弟。虎のような髭が生えており、実際に虎も倒すほどの腕っ節の持ち主。勉強嫌いだが曹操《そうそう》にかわいがられた。

第70位 蔣琬《しょうえん》

蜀

総合	64.7	智謀	12.0
武力	10.0	教養	16.0
人情	12.0	統率	14.7

字：公琰《こうえん》　出身地：零陵郡湘郷県《れいりょうぐんしょうきょうけん》　生没年：？～ 246年

諸葛亮によって見出され、死後跡を継いで丞相となる。奇抜なことはせず、ただひたすら堅実に蜀《しょく》の国力安定に努めた。

第86位 他

呂布《りょふ》

字：奉先《ほうせん》
出身地：五原郡九原県《ごげんぐんきゅうげんけん》
生没年：？～198年

総合 58.7
武力 18.8
人情 10.1
智謀 9.0
教養 6.7
統率 14.1

呂布と書いて“最強”と読む。そんな三国時代最強の男。だが一日に千里を走る名馬・赤兎馬《せきとば》に目がくらみ、養父の丁原《ていげん》を殺したのを皮切りに、とにかく主や同盟者を裏切った。王允の送り込んだ美女・貂蟬に目がくらんで董卓を殺し、財宝に釣られて劉備と袁術を秤りにかけ……と、強さに任せてやりたい放題。だがそれも長くは続かない。下邳《かひ》城で曹操軍を相手に籠城をした際に、部下の裏切りにあって敗北。曹操や劉備の前に引き出されたが、主殺しの悪名を恐れて誰も呂布を欲しがらず、結局処刑されてしまう。

第87位 魏 典韋《てんい》

総合 58.5	智謀 8.0
武力 17.0	教養 8.5
人情 13.7	統率 11.3

字：不詳　出身地：陳留郡《ちんりゅうぐん》　生没年：？～197年

曹操が最も頼りにした護衛で、虎を素手で倒す怪力の持ち主。獅子奮迅の活躍で曹操を守り、壮絶な戦死を遂げる。

第88位 蜀 関索《かんさく》

総合 58.3	智謀 11.5
武力 13.7	教養 11.0
人情 11.1	統率 11.0

字：不詳　出身地：江東郡解県《こうとうぐんかいけん》　生没年：不詳

正史に記録がない、関羽の子。南蛮王・孟獲《もうかく》との戦いで、関羽顔負けの活躍を見せるも戦死。多くの妻がいる民間伝承発祥の人物。

第89位 魏 司馬炎《しばえん》

総合 58.0	智謀 12.5
武力 11.5	教養 11.3
人情 11.0	統率 11.7

字：安世《あんせい》　出身地：河内郡温県《かだいぐんおんけん》　生没年：236～290年

晋《しん》王朝の初代皇帝。魏《ぎ》から禅譲を受けて晋の皇帝に即位し、呉《ご》を滅ぼし、三国時代を終結させる。司馬懿《しばい》の孫にあたる。

第78位 他 盧植《ろしょく》

総合 60.0	智謀 10.0
武力 12.0	教養 14.5
人情 12.5	統率 11.0

字：子幹《しかん》　出身地：涿郡涿県《たくぐんたくけん》　生没年：？～？年

まさに文武両道を地でいく人物。黄巾《こうきん》の乱では武人として活躍。かつては学者として若い劉備や公孫瓚に学問を教え込んだ。

第78位 蜀 関興《かんこう》

総合 60.0	智謀 10.0
武力 14.0	教養 11.5
人情 12.5	統率 12.0

字：安国《あんこく》　出身地：河東郡解良県《かとうぐんかいりょうけん》　生没年：？～234年

関羽《かんう》の次男で、父の敵討ちに燃える。父の愛刀・青龍偃月刀《せいりゅうえんげつとう》を受け継ぐ。張苞《ちょうほう》と義兄弟になり、戦場で活躍する。

第78位 呉 陸抗《りくこう》

総合 60.0	智謀 12.0
武力 11.5	教養 12.0
人情 12.5	統率 12.0

字：幼節《ようせつ》　出身地：呉郡呉県《ごぐんごけん》　生没年：226～274年

陸遜《りくそん》の次子で、傾きつつある呉を支えた最後の名将。晋《しん》の羊祜《ようこ》とはお互いを称えあう良いライバル関係。

第81位 魏 華歆《かきん》

総合 59.7	智謀 14.5
武力 11.9	教養 11.1
人情 11.1	統率 11.1

字：子魚《しぎょ》　出身地：平原郡高唐県《へいげんぐんこうとうけん》　生没年：157～231年

何進《かしん》、袁術《えんじゅつ》、孫策、孫権、曹操と次々に主を変えていき、最後は漢王朝まで滅亡させた非道の大臣。驚異の世渡り上手。

第82位 蜀 李厳《りげん》

総合 59.3	智謀 12.0
武力 13.0	教養 11.3
人情 11.0	統率 12.0

字：正方《せいほう》　出身地：南陽郡《なんようぐん》　生没年：？～234年

黄忠《こうちゅう》と一騎打ちが出来るほどの腕っ節の強さを持つが、失態の責任を諸葛亮になすりつけようとし、失敗。流刑地で病死する。

第82位 他 李儒《りじゅ》

総合 59.3	智謀 13.7
武力 10.5	教養 13.1
人情 10.0	統率 12.0

字：不詳　出身地：不詳　生没年：？～192年

董卓の独裁を支え続けた軍師で、漢の都を長安《ちょうあん》に移すよう進言する。李儒の頭脳があってこそ董卓は脅威であった。

第84位 魏 程昱《ていいく》

総合 59.0	智謀 16.0
武力 8.0	教養 14.0
人情 8.0	統率 13.0

字：仲徳《ちゅうとく》　出身地：東郡東阿県《とうぐんとうあけん》　生没年：141～220年

目的のためにはどんな手段をも使う希代の策略家。敵に回すと非常に厄介だが、曹操からは全幅の信頼を寄せられた。

第84位 魏 許褚《きょちょ》

総合 59.0	智謀 10.0
武力 18.6	教養 8.1
人情 11.3	統率 11.0

字：仲康《ちゅうこう》　出身地：沛国譙県《はいこくしょうけん》　生没年：不詳

典韋《てんい》と並ぶ、曹操の護衛。その腕っ節の強さから、曹操の絶大なる信頼を得た、ちょっと抜けたところもある猪突猛進の士。

第96位 王允《おういん》 （他）

総合	55.7	智謀	8.7
武力	8.3	教養	15.1
人情	14.7	統率	8.9

字：子師《しし》　出身地：太原郡祁県《たいげんぐんきけん》　生没年：137 ～192 年

王佐の才とうたわれる漢の忠臣。呂布を抱きこんで暴君・董卓の暗殺に成功したが、董卓の部下の返り討ちにあって死去。

第97位 紀霊《きれい》 （他）

総合	54.3	智謀	8.1
武力	13.1	教養	10.0
人情	12.0	統率	11.1

字：不詳　出身地：不詳　生没年：？～ 199 年

重さ50斤《きん》の三尖刀《さんせんとう》を振り回す袁術《えんじゅつ》旗下の武人。小沛《しょうはい》で劉備と対峙したが、呂布の仲裁で軍を退き袁術に激怒される。

第98位 韓当《かんとう》 （呉）

総合	52.0	智謀	10.1
武力	11.9	教養	9.0
人情	10.5	統率	10.5

字：義公《ぎこう》　出身地：遼西郡令支県《りょうせいぐんれいしけん》　生没年：不詳

赤壁《せきへき》の戦いで流れ矢に当たって長江《ちょうこう》に落ちた黄蓋《こうがい》を助けた。孫家三代に仕えて軍を指揮し、数々の戦功を挙げた。

第98位 孫乾《そんけん》 （蜀）

総合	52.0	智謀	10.0
武力	9.5	教養	11.5
人情	11.0	統率	10.0

字：公祐《こうゆう》　出身地：北海郡《ほっかいぐん》　生没年：不詳

優れた外交能力を発揮して、初期の劉備《りゅうび》陣営で活躍する。劉備が蜀《しょく》に入る頃に病死したため知名度が低い。

第100位 曹洪《そうこう》 （魏）

総合	50.5	智謀	10.3
武力	11.1	教養	7.1
人情	12.0	統率	10.0

字：子廉《しれん》　出身地：沛国譙県《はいこくしょうけん》　生没年：？ ～ 232 年

曹操のいとこ。旗揚げ以来、ずっと曹操に付き従い戦場を駆け巡った歴戦の勇将。人が良く血気盛んで、命を賭して曹操を救った。

渡邉義浩の考える 三国志ベスト3

1位	諸葛亮	蜀
2位	劉備	蜀
3位	趙雲	蜀

三国志演義から好きな登場人物を選ぶとすると、間違いなく第1位は、諸葛亮ですね。僕が諸葛亮を押す要因は、やはり“五丈原の戦い”です。もう、この悲劇がたまらないですよ。日本人ぽいって言われるかもしれないけど、日本は判官びいきの国ですから、諸葛亮に入れ込むのが普通だと思います。吉川英治がそこで書くのをやめるのは、すごく正しい。諸葛亮亡き後の三国志には何の興味もないです。第2位は、劉備かな。そして僕は趙雲《ちょううん》が好きなんですよ。関羽《かんう》とか張飛《ちょうひ》よりも、趙雲が好きなんです。3人とも“蜀”から選んでいますが、もう三国志演義は蜀以外は考えられないでしょ。それ以外の登場人物が入ってくると、それはもう読み方が変ですよ。読み方になにか問題がある。呉《ご》が勉強したいと言っている大学院生がいるんですけど、もう未来がないですね（笑）。

第90位 魏延《ぎえん》 （蜀）

総合	57.5	智謀	11.9
武力	15.1	教養	9.3
人情	8.7	統率	12.5

字：文長《ぶんちょう》　出身地：義陽郡《ぎようぐん》　生没年：？～ 234 年

反乱を起こすとされる“反骨の相”を持つ、強い孤高の武人。主君を裏切り劉備《りゅうび》につくが、人間関係で次々と問題を起こす。諸葛亮《しょかつりょう》との関係も悪化し、諸葛亮の死後には反乱を起こすが、最後は配下だと信じた馬岱《ばたい》の計略により斬られた。

第91位 曹叡《そうえい》 （魏）

総合	57.0	智謀	12.7
武力	10.5	教養	10.3
人情	10.0	統率	13.5

字：元仲《げんちゅう》　出身地：沛国譙県《はいこくしょうけん》　生没年：205 ～ 239 年

曹丕《そうひ》の子で魏《ぎ》の二代目皇帝。軍事面でも政治面でも優れた才能を発揮しており、また美貌の持ち主。

第91位 張苞《ちょうほう》 （蜀）

総合	57.0	智謀	10.9
武力	14.1	教養	10.0
人情	11.0	統率	11.0

字：不詳　出身地：涿群《たくぐん》　生没年：？～ 229 年

張飛《ちょうひ》の息子。父の形見である蛇矛《だぼう》を振り回して戦場を駆け抜ける熱血青年。関興《かんこう》の次男と義兄弟の契りを結んだ。

第93位 劉協《りゅうきょう》 （他）

総合	56.7	智謀	7.1
武力	6.0	教養	16.5
人情	16.1	統率	11.0

字：伯和《はくわ》　出身地：不詳　生没年：181～234 年

漢王朝最後の皇帝・献帝《けんてい》。幼い頃より賢く聞き分けがよい。董卓《とうたく》や曹《そう》操《そう》の傀儡《かいらい》にされて曹丕《そうひ》に禅譲し、漢を滅亡させる。

第93位 何進《かしん》 （他）

総合	56.7	智謀	15.7
武力	12.5	教養	9.5
人情	8.0	統率	11.0

字：遂高《すいこう》　出身地：南陽郡宛県《なんようぐんえんけん》　生没年：？～189 年

と畜業をしていたが、美人の異母妹が霊帝《れいてい》に見初められて皇后となり、漢の大将軍に抜擢された。政争の末、宦官に殺される。

第95位 董卓《とうたく》 （他）

総合	56.0	智謀	15.3
武力	13.5	教養	9.0
人情	7.5	統率	10.7

字：仲穎《ちゅうえい》　出身地：隴西郡臨洮県《ろうせいぐんりんとうけん》　生没年：？～192 年

性格は極悪非道。猛将・呂布《りょふ》を味方に引き入れ、宮廷を我が物にする。だが王允《おういん》の計略にはまり呂布に殺された。

三国志ファンなら一度は読破したい名作を集めてみました

三国志を読もう！

三国志を好きになったきっかけが、テレビゲームやカードゲーム、さらに漫画や映画だって構わない。
ただ、三国志が好きになったのなら、ぜひ一度は読んでほしい本が数多くある。
一読すれば今よりさらに三国志が好きになること請け合いだ！

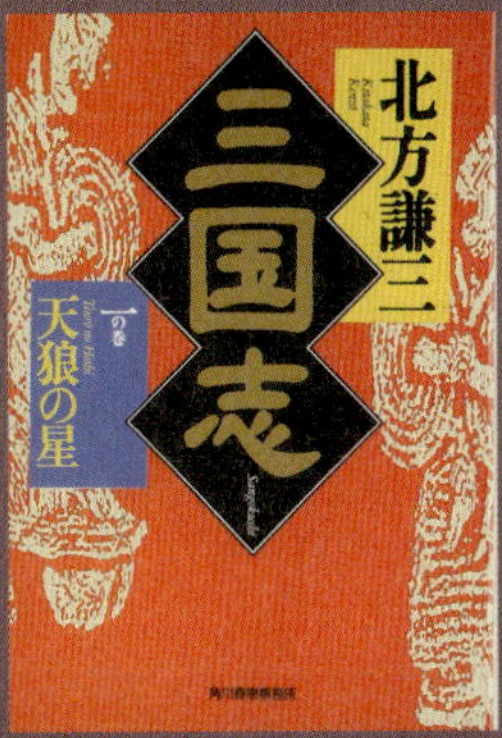

「三国志」

著◎北方謙三
角川春樹事務所
全13巻

ハードボイルドの第一人者が正史「三国志」をベースに描いた。これまでの三国志小説と一線を画す、これが北方「三国志」だ。

「英雄三国志」

著◎柴田錬三郎
集英社
全6巻

剣豪小説の第一人者・柴田錬三郎が三国志に挑んだ。そのダンディズムあふれるセリフ回しを駆使し壮大な三国志の世界観を描く。

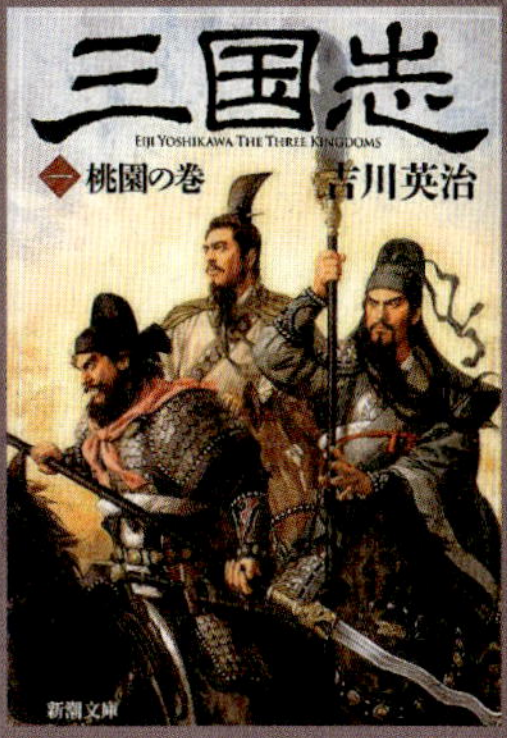

「三国志」

著◎吉川英治
新潮社
全10巻

一度は読んでおきたい吉川「三国志」。ベースにした『三国志演義』のルーツは明代の小説だが、日本の三国志のルーツはここにある。

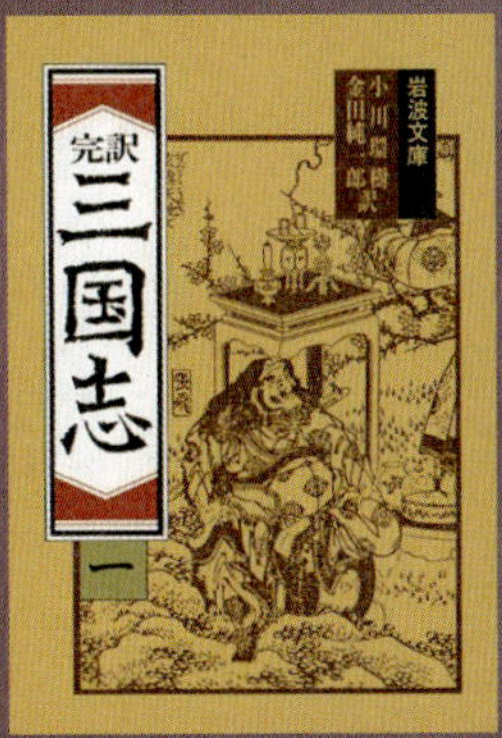

「完訳三国志」

訳◎小川環樹・金田純一郎
岩波書店
全8巻

現在入手可能な完訳本の中で最も古い「三国志演義」の完訳本。立間祥介版と読み比べてみるのも面白い。葛飾載斗の版画も見物。

「三国志演義」

著◎羅貫中　訳◎立間祥介
徳間書店
全4巻

中国文学の最高傑作「三国志演義」翻訳本。「黄巾の乱」から晋の中国全土統一までを描いた原作ならではの面白さが堪能できる。

「正史三国志」

訳◎今鷹真・井波律子他
筑摩書房
全8巻

正史「三国志」の完訳本。1～4巻が魏書。5巻が蜀書。6～8巻が呉書。日本で正史に触れるにはこのシリーズを読むしかない。

「三国志ナビ」

著◎渡邉義浩
新潮社

日本の三国志研究をリードする渡邉義浩先生が吉川「三国志」に登場するキャラクター全839人を紹介する最強の三国志ガイド。

三国志の入門書としては、横山光輝の漫画「三国志」と、王欣太《きんぐごんた》の「蒼天航路」は外せない。

吉川英治の小説を基に描かれた横山「三国志」は入門書として高い評価を得ているし、「蒼天航路」も、緻密な人間描写が魅力の作品だ。この2作品を読み比べれば、より三国志の世界観に浸ることができるだろう。

そしてこの2作品を読んだ読者が次に挑戦して欲しいのが、吉川「三国志」を始めとする上段の小説で、漫画にはない小説の面白さに溢れている。

さらに、漫画家や作家が三国志のどこに惹かれて創作したのか、その原点を知るには中段の翻訳本がお勧めだ。また読書中、「これ誰だっけ」と悩んだ時は、左の「三国志ナビ」もあるので、一度どっぷりと三国志の世界にはまってほしい。

編集協力　オフィス五稜郭　湯原浩司
早稲田大学大学院　袴田郁一
早稲田大学大学院　長谷川隆一
執筆　西村 誠
井上岳則
須本浩史
村上菜々
吉田東洋彦

装丁・本文デザイン　藤居雪子(i'll Products)
方城陽介(i'll Products)

イラスト　長野 剛
CG制作　成瀬京司
地図　オフィス五稜郭

画像協力　国立国会図書館
山口県立萩美術館・浦上記念館
株式会社gloops
「大戦乱!!三国志バトル」より
張魯　P11、P82
許褚　P19
孫策　P22、P93
趙雲　P23
諸葛亮　P28
陸遜　カバー、P32、P47、P91
張飛　P48、P67
張遼　P50、P94
呂蒙　P50、P103
呂布　カバー、P52、P109
太史慈　P67、P107
夏侯惇　P68、P98
郭嘉　P72、P107
荀彧　P72、P99
陳宮　P75、P104
法正　P77、P101
関羽　P79
孫尚香　P81
賈詡　P82、P106
甘寧　P99
黄忠　P100
袁紹　P52、P100
徐庶　P101
魯粛　P104
馬超　P104
張昭　P105
程普　P105
張角　P107
公孫瓚　P108
魏延　P110

「三国志」ナンバーワン決定戦

2017年5月26日　第1刷発行

監修　渡邉義浩
発行人　蓮見清一
発行所　株式会社宝島社
〒102-8388 東京都千代田区一番町25番地
03-3234-4621(営業) 03-3239-0928(編集)
http://tkj.jp
印刷・製本　株式会社リーブルテック

ISBN978-4-8002-6994-2

監修者　渡邉義浩(わたなべ よしひろ)

1962年、東京都生まれ。早稲田大学文学学術院教授。専門は中国古代史。三国志学会事務局長。主な著書は『三国志 英雄たちと文学』(人文書院)、『一冊でまるごとわかる三国志』(大和書房)、『三国志 運命の十二大決戦』(祥伝社)等。范曄『全譯後漢書』(汲古書院)日本語訳の全10巻を完成。ハリウッド映画『レッドクリフ』(監督:ジョン・ウー)の日本語版に監修として参加している。

参考文献

羅貫中 著／立間祥介 訳『三国志演義(全4巻)』徳間書店
今鷹真　井波律子他　訳『正史三国志(全8巻)』筑摩書房
小川環樹　金田純一郎　訳『完訳 三国志(全8巻)』岩波書店
吉川英治『三国志(全10巻)』新潮社
北方謙三『三国志(全13巻)』角川春樹事務所
柴田錬三郎『英雄三国志(全6巻)』集英社
内田重久『それからの三国志(上下巻)』文芸社
宮城谷昌光『三国志(全12巻)』文藝春秋
渡辺精一『三国志人物事典』講談社
渡邉義浩『三国志ナビ』新潮社
渡邉義浩『図解雑学　三国志演義』ナツメ社
渡邉義浩『三国志　群雄ビジュアル百科』ポプラ社
入澤宣幸『大判ビジュアル図解 大迫力! 写真と絵でわかる三国志』西東社